SASKIA
JUNGNIKL

PAPA HAT SICH ERSCHOSSEN

FISCHER

Erschienen bei FISCHER Taschenbuch
Frankfurt am Main, Dezember 2014

© S. Fischer Verlag GmbH, Frankfurt am Main 2014

Satz: Fotosatz Amann, Memmingen
Druck und Bindung: CPI books GmbH, Leck
Printed in Germany
978-3-596-03072-9

FÜR ARVID

Wir gebären rittlings über dem Grabe. Der Tag
erglänzt einen Augenblick und dann von
neuem die Nacht.

Samuel Beckett, frei aus »Warten auf Godot«

Meine Schafe hören meine Stimme, und ich
kenne sie und sie folgen mir; und ich gebe
ihnen das ewige Leben, und sie werden
nimmermehr umkommen, und niemand wird
sie aus meiner Hand reißen. Mein Vater, der
sie mir gegeben hat, ist größer als alles, und
niemand kann sie aus des Vaters Hand reißen.
Ich und der Vater sind eins.

Johannes 10, 27–30

INHALT

1 TOD

Ich weiß nicht, wieso es heißt, der Suizid eines geliebten Menschen lasse alles andere banal erscheinen, wenn es doch der Suizid ist, der selbst das Banale in eine Hölle verwandelt.

Vor sechs Jahren stehe ich in einem Coffeeshop. In der Hand halte ich einen Becher mit einem doppelten Espresso und einem Schuss Milch.

Mein Handy läutet.

Meine Mama ruft an.

»Papa ist tot. Er hat sich erschossen.«

Ihre Stimme klingt ein bisschen zittrig und unglaublich erschöpft. Für ein paar Sekunden bleibt alles stehen, bis es mir den Hals zuschnürt.

Ich drehe mich im Zeitlupentempo. Rechts neben mir ist eine Tafel. Darauf steht mit weißer Kreide das Tagesangebot geschrieben, jemand hat in hellblau eine Kaffeetasse und kleine Blümchen dazugemalt. Links von mir sitzt ein Paar in Ohrensesseln. Sie halten beide eine Zeitung in der Hand. Er liest, sie redet. Ich sehe, wie sich ihre Lippen bewegen. Neben ihnen sitzt ein junger Mann. Er hat eine Schiebermütze auf, eine Tasse in der Hand und blickt aus dem Fenster.

Alle machen weiter wie bisher.

In meinen Ohren rauscht es. Ich schaue nach vorne. Dann starre ich auf meinen Becher.

Als ich klein bin, renne ich meinem Vater beim Einkaufen immer weg und warte dann hinter der Kasse auf ihn, dort, wo die Mahlmaschinen stehen und die Luft voll ist mit dem köstlichen Geruch nach feingemahlenem Kaffee.

Ich muss tief einatmen. Fast schnappe ich nach Luft.

Während meine Mama mit mir schwanger ist, hat sie ständig Lust auf türkischen Kaffee. Nachdem sie ihn getrunken hat, löffelt sie den süßen Kaffeesud oft aus dem Kännchen. Neun Monate kriegt sie nicht genug von dieser körnigen Substanz.

Ich spüre, wie eine große Angst in mir aufsteigt. Der Becher wird schwer.

Als ich endlich selbst alt genug bin, um Kaffee zu trinken, bin ich glücklich. Ich trinke ihn, aber ich esse auch Kaffeeeis, lutsche Kaffeezuckerln und löffle Kaffeejoghurt. Manchmal friere ich Kaffee zu Eiswürfeln ein und freue mich, wie sie auf der Zunge zergehen, und als ich älter bin, gebe ich sie mir in Gläser mit Rum oder Wodka.

Der Anruf an diesem sonnigen Vormittag im Juli 2008 zerstört nicht nur eine Lebensliebe.

Der Suizid meines Vaters verändert meine Welt völlig. Sie wird ruiniert, und in den kommenden Jahren werde ich versuchen aufzubauen, was er eingerissen hat. Ich liebe und bewundere meinen Vater sehr, und an diesem Tag wird er zu meinem schlimmsten Feind.

Der Weg zur Versöhnung ist lang.

Ich stelle den Kaffeebecher weg.

Seit diesem Tag trinke ich schwarzen Tee mit Milch.

2   SAMMELN

Mein Vater war ein Freund von doppelseitigem Klebeband. Ich weiß das, weil ich nach seinem Tod Tage damit verbringe, in seinen Zimmern Dinge von der Wand zu kratzen. Alles, was es ihm nur halbwegs wert ist, doppelseitig und ewigkeitssicher aufbewahrt. Ich arbeite mich durch Zeitungsartikel über Bücher und Musikalben, durch eigene und fremde Zeichnungen, durch verwitterte Filmplakate, durch Ausdrucke von Nacktmodellen, Totenmasken aus Ton und kunstvoll geschnitzte Dolche. Ich stocke, wenn ich Fotos von mir sehe, Fotos von meinen Brüdern. Noch heute kleben an den Fenstern Reste, irgendwann habe ich einfach aufgegeben.

Mein Vater ist ein Sammler. Er sammelt nicht auf Messie-Art, aber alles, was seine Interessen bedient oder auf irgendeine Art brauchbar sein könnte. Zwei Räume in unserem Haus hat er für sich und nach seinen Vorstellungen ausgebaut. Sie liegen übereinander und sind mit einer Wendeltreppe verbunden. Gemeinsam haben sie eine Größe von über siebzig Quadratmetern, und ich muss ihm beim Ausräumen unwillkürlich Respekt dafür zollen, mit welcher Kunstfertigkeit er es geschafft hat, sie bis ins letzte Eck vollzustopfen und dabei doch den Eindruck zu erwecken, man könne sich frei darin bewegen. Dutzende leere Erdnuss-Dosen, halbvolle Druckerpatronen, hundertsiebzehn Vorratspackungen Streichhölzer, drei Schreibtische.

Das Erste, was einem auffällt, wenn man den unteren Raum betritt, sind die Wände. Sie waren früher einmal weiß, aber über die Jahre und durch den Rauch unzähliger Zigaretten, Zigarren und Pfeifen sind sie in ein dunkles Ocker verfärbt. Es riecht ein wenig nach Staub und nach Räucherstäbchen und Kerzen, vor allem nach Sandelholz. Für mich riecht es nach Zuhause, und in den ersten Jahren nach seinem Tod kommen mir immer unwillkürlich Tränen, wenn es irgendwo nach Sandelholz oder Lavendel riecht.

Das Zweite, was man sieht, sind Bücher, Tausende Bücher. Sie sind neben- und aufeinanderliegend in Regalen geschichtet, gestapelt in jedem Eck, aufgereiht an den Seiten der Treppe. Als wir sie einmal zählen, kommen wir auf über 7000 Stück. Er hat sie im Laufe seines Lebens angehäuft. Und alle gelesen. Er besitzt die gesammelten Werke seiner Lieblingsautoren Arno Schmidt, James Joyce, Kurt Vonnegut, T. C. Boyle und Erich Kästner bis hin zu dem deutschen Schriftsteller Herbert Rosendorfer und dem Science-Fiction-Autor Stanisław Lem.

Manchmal benennt er unsere Katzen nach ihnen, wir haben im Laufe der Jahre etwa einen Lem, einen Boyle und einen Sam(uel Beckett). Außerdem sammelt er Literatur über Filme und Musik, genauso wie Biographien über Politiker und Künstler, pädagogische Standardwerke, Bücher über die Psychologie des Menschen und erotische Literatur. Links neben der Tür steht ein riesiger schwarzer Schrank mit Glastür, darin befindet sich eine Sammlung religiöser Werke. Es gibt alleine von der Bibel sieben Ausgaben, jede in einer anderen Übersetzung und mit unterschiedlichen Anmerkungen versehen. In den Büchern stecken oft dazu passende Zeitungsartikel oder Ausdrucke, in vielen hat er am Rand der Seiten mit Bleistift seine Gedanken notiert. Er liest Bücher sehr selten einfach nur so nebenher, meistens studiert er sie, wieder und wieder.

Kurz vor seinem Tod wünscht er sich von mir die Gesamtausgabe des Philosophen Georg Wilhelm Friedrich Hegel und ist sehr glücklich, als ich sie ihm schicke. Er schreibt mir deshalb eine Textnachricht, und ich habe sie auf einem der zwei alten Handys gespeichert, die ich schon lange nicht mehr benutze, die ich aber auch nicht wegwerfen kann.

Daran muss ich denken, als ich da oben stehe und Dinge von der Wand schabe. Seit er tot ist, habe ich die Handys weder eingeschaltet noch mir die Nachrichten von ihm angehört, die darauf gespeichert sind. Ich traue mich nicht, ich kann einfach nicht. Aber ich weiß, dass sie da sind. Wenn ich daran denke, dann kann ich seine ernste, tiefe, schöne Stimme hören und wie er sagt: »Saskia.« (Pause) »Hier ist dein Vater Erhard.« (Pause) Als würde ich seine Stimme nicht sofort erkennen und überhaupt, was glaubt er denn eigentlich, wie viele Väter ich habe?

Seine Telefonnummer lösche ich erst vier Jahre nach seinem Tod aus meiner Kontaktliste. Ein paarmal will ich anrufen und den Menschen hören, der jetzt seinen Anschluss hat. Aber das traue ich mich auch nicht. Ich kann die Nummer noch heute auswendig, und das ist eine jener Sachen, von denen ich so sehr hoffe, dass ich sie einmal vergessen werde.

Bei den Hegel-Bänden ist er nur bis Band drei gekommen. Dann hören die Notizen an den Seitenrändern auf. Vierzehn verschiedene Teeservice, Weingläser in jeder Fasson, eine Sammlung alter Fotoapparate, zwei Schreibtischladen voller Batterien. In diesem Antiquariat stehen Wertgegenstände aus Silber neben Tonschalen aus China, Holzspeere aus Madagaskar lehnen an der Wand und Plastikschund vom Kirtag aus dem Dorf liegt in den Regalen.

Als mein Vater in den siebziger Jahren aus der Bundeshauptstadt Wien in ein kleines Dorf in dieser abgelegenen Gegend Österreichs zieht, hat er in seinem Haus noch nicht einmal Strom. Jahre später wird es das erste mit einem Computer sein. Als er stirbt, stehen in seinen Räumen drei Standcomputer, ein Laptop, zwei Faxgeräte und vier Drucker.

Den unteren Raum nutzt er für Bücher, den oberen für Technik. Wenn man die Wendeltreppe hinaufsteigt, ist auf der rechten Seite ein kleines Studio mit Mischpult, Plattenspieler, Tonbandgerät und Mikrophonen. Mein Vater hat sich eine Soundanlage gekauft, mit Boxen an den Seiten und neben dem Bildschirm, ein Subwoofer hinter der Couch, und er hört immer in einer unglaublichen Lautstärke.

Mein Zimmer liegt gleich daneben, und ich kann oft nicht einschlafen, weil der Bass so durchdringend ist, dass ich das Gefühl habe, sogar mein Bett vibriert. Meistens warte ich eine Zeitlang, bevor ich dann mitten in der Nacht hinüberrenne und ihn bitte, den Ton leiser zu drehen. Ich kann ihn heute noch vor dem Mischpult sitzen sehen, eine Gitarre in der Hand, die anderen lehnen an der Wand.

Mein Vater ist schlank und groß, und die 1,90 Meter werden

durch seine aufrechte Körperhaltung unterstützt. Er hat generell eine gute Körperbeherrschung, seine Bewegungen sind raumgreifend und lassen ihn sehr selbstbewusst und präsent wirken. Seine Augen haben etwas Pfiffiges und leicht Schelmisches, sie sind blaugrün und haben goldgelbe Sprenkel darin, und meistens schaut er damit freundlich und interessiert, außer er ist wütend, dann verengen sich diese Augen und erinnern mich an harte, böse, kleine Hai-Augen, die niemals blinzeln und bei denen man lieber wegsieht. In der Regel trägt er Jeans und T-Shirts mit Aufschriften wie »Gibson« oder »Fender« oder seiner musikalischen Idole Chuck Berry und B. B. King.

Mein Vater steht auf Blues und Rock'n'Roll. Dementsprechend auch seine Plattensammlung, wobei auch hier, breit gefächert, AC/DC neben Beethoven steht. Ein Banjo, ein Akustikbass und fünf Gitarren. Auf der anderen Seite ein fünfzig Zoll Fernsehapparat-Ungetüm mit DVD-Player und Videorecorder und einer schwarzen Couch davor. Kartons voller Fotos, alle Ausgaben des Wochenmagazins »Spiegel« vom Jahr 1974 bis 2008, drei Humidore, Dutzende alte Uhren.

Mein Vater ist 1940 geboren, mitten im Zweiten Weltkrieg. Meine Mama hat einmal gesagt, das ist der Grund dafür, warum er alles hortet: die tiefsitzende Kindheitsangst, dass alles schnell wieder weg sein könnte. Ich weiß nicht, woran es liegt. Ich weiß, als ich klein bin, haben wir viel Spaß mit dem liebevollen Spötteln über meinen Vater und sein »Schatzkästlein«, aus dem er alles zaubern konnte, was man gerade braucht. Heftklammern, ein Abschleppseil, ein Notstromaggregat.

Trennungen sind irgendwie nicht seine Stärke. Er hat ein paar Briefe angefangen, Liebe Saskia, steht da auf einem sonst leeren Blatt Papier. Er hat nicht weitergeschrieben. Ich bin etwa drei Jahre lang gekränkt und traurig, dass er, der Mann der vielen Worte, mir nicht einmal einen lächerlichen Abschiedsbrief hinterlassen hat. Dann bin ich dankbar darüber. Ich hätte den Brief, emotional schwer wie ein Pflasterstein, mit mir herumgeschleppt, sicher verpackt. Bei jedem Umzug wäre er dabei gewesen, in jeder verzagten betrunkenen Stunde hätte ich ihn gelesen, hätte geheult, geflucht und ihn zu deuten versucht. Ich bin froh, dass er mir nicht auch noch ein haptisches Zeichen seines Todes hinterlassen hat. Es ist so schon genug.

Am 6. Juli 2008 kritzelt mein Vater eine dürre Nachricht auf einen mintgrünen Post-it-Zettel. Dann steigt er die Wendeltreppe hinunter und holt seinen Revolver. Er geht nach draußen, dort legt er sich unter unseren alten großen Nussbaum. Seine Hausschuhe lässt er an. Ein kleines Detail neben vielen anderen, über das ich mich noch oft wundere. Ich weiß nicht, ob er irgendwann gezögert hat. Ich glaube, er wird noch einmal tief eingeatmet haben, als er da lag. Vielleicht hat er sich noch kurz die Sterne angesehen und der Stille gelauscht. Dann schießt er sich in den Hinterkopf.

Sein Tod teilt mein Leben in ein Vorher und ein Nachher.

3 GLÜCK

Willst du ein Eis? Saskia?« Ich starre auf das kreischende Baby neben mir und dann auf Oskar, der mich fragend ansieht. »Willst du eins? Wir können eins mitnehmen.« Die Mutter trabt mit ihrem Kind weg, ein wenig geistesabwesend schüttle ich den Kopf und sehe zu Oskar. »Nein, danke.« Er nickt und geht weiter, ich ihm hinterher.

Es ist Sonntag, der 6. Juli 2008. Der Tag, an dem mein Vater stirbt.

Oskar ist mein damaliger Freund, und wir wollen schwimmen, im Donaubad in Kritzendorf in der Nähe von Wien. Wir fahren fast immer in dieses Bad. Es wurde Anfang des 19. Jahrhunderts gebaut. Seine Hochblüte hatte es in der Zwischenkriegszeit, und noch immer stehen überall die bunt lackierten Holzhäuser der dreißiger Jahre und sorgen schon beim Eingang für eine eigene Stimmung.

Früher war das Bad dafür bekannt, dass Menschen aus allen sozialen Schichten hierherkamen, Künstler und Geschäftsleute hatten ihre Häuschen neben den Kabinen gewöhnlicher Arbeiter. Manche nennen Kritzendorf immer noch die »Riviera an der Donau«.

Die Sonne scheint, der Wind weht nur ein wenig, es riecht nach Sonnenöl und frisch gemähter Wiese. An der Donau liegen ein paar Jungfamilien auf Decken und Senioren auf Liegestühlen, und ihr Hautton lässt erahnen, dass sie ihre Plätze nur sehr selten verlassen. Oskar und ich schlagen uns an der Donau entlang durch die Büsche, wir suchen eine der kleinen Buchten, in denen nie jemand liegt. Das Schöne an diesem Bad ist auch, dass es so weitläufig ist. Die Menschen verteilen sich, man muss nicht eng nebeneinander sitzen.

Oskar hat einen blauen Rucksack über der Schulter hängen, er geht den schmalen Weg vor mir entlang. Wir sind zusammen seit ich vierundzwanzig bin, also seit etwa drei Jahren. Er ist mein zweiter Freund nach Martin, den ich in der Schule kennengelernt habe und zu dem die Beziehung neun Jahre hält und der heute noch ein Freund von mir ist. Ich bin sehr glücklich mit Oskar, vor allem in dieser schwierigen Woche. Am nächsten Tag wäre mein Bruder dreißig Jahre alt geworden. Er ist seit vier Jahren tot. Die ganze Woche vor seinem Todestag ist meine Familie immer sehr angespannt. Ein Jahr nach Tills Tod lerne ich Oskar kennen, und diese neue Liebe hilft mir, den Schrecken besser zu verarbeiten.

An diesem sonnigen und ruhigen Sonntag kommt mir das alles ohnehin nur noch wie ein entfernter Schock vor. Im Übermut remple ich Oskar spielerisch an, wir verlieren das Gleichgewicht und fallen mit unseren Sachen ins Wasser. Ich muss lachen, dann merke ich, dass er das gar nicht so lustig findet. Um es wieder hinzubiegen, laufe ich zurück und hole am Stand beim Eingang einen doppelten Espresso und bringe ihm den. Er grinst.

Damals, als wir einander kennenlernen, fällt mir als erstes sein Lausbubengesicht mit dem verschmitzten Lächeln auf. Ich mag, dass er Locken hat, in der griechischen Antike wäre er vermutlich ein beliebter Lustknabe gewesen. Wir treffen einander bei meinem ersten Job als Journalistin. Er arbeitet auch in der Redaktion, und gleich an meinem ersten Tag gehen wir nach der Produktion alle etwas trinken, und als wäre es Zufall sitzen wir nebeneinander. Der Rest des Abends gehört uns, und dann treffen wir einander noch ein paar Mal, bevor wir uns eingestehen, dass wir verliebt sind. Etwa ein halbes Jahr sehen wir einander vor allem abends, wir haben eine Stammkneipe, in der wir viele Nächte trinkend verbringen. Wir reden viel und gut, und wir haben viel und guten Sex.

Als ich ihn nach einem Jahr das erste Mal mit nach Hause nehme, um ihn meinen Eltern vorzustellen, ist es schon Abend. Der Weg zu unserem Haus im Burgenland ist schwer zu finden, er führt über holprige Straßen durch Wälder und vorbei an abgelegenen Wiesen. Als wir das letzte Stück Zivilisation verlassen und auf einen Waldweg abbiegen, fängt Oskar an zu lachen. »Ich weiß, du hast erzählt, ihr wohnt einsam: Aber ehrlich? Das könnte der Drehort für eine Horrorszene sein.« Ich lache auch. Ich mag die Gegend, ich mag das Abgeschiedene.

Das letzte Stück zum Haus führt über einen etwa zweihundert Meter langen Waldweg. Nach einer kleinen Biegung sieht man das Licht aus den vorderen Fenstern, drei unten, zwei oben. Das Haus ist weiß gestrichen, die Fensterrahmen und Klappläden sind aus Holz. Früher waren sie dunkelgrün, aber nach dem Tod meines Vaters streichen wir alles Holz in einem kräftigen griechischen Dunkelblau. Eigentlich ist Grün die Farbe der Hoffnung, für uns wird es das Blau.

Ich stelle das Auto auf dem vorderen Parkplatz ab und laufe dann vor ins Haus. Meine Eltern sind im Studio und sehen fern. Ich bleibe unten an der Wendeltreppe stehen und rufe hinauf. »Wir sind da. Kommt ihr herunter?« Mein Vater seufzt und sagt: »Na, sehen wir uns den Burschen mal an.« Er nimmt eine Flasche Wein, und wir setzen uns in die Küche.

Wir Kinder sind zu viert, ich bin das einzige Mädchen, ein Wunschkind. Mein ältester Bruder Christoph ist mein Halbbruder, er hat einen anderen Vater und ist elf Jahre älter als ich. Als sich meine Eltern verlieben, ist er gerade fünf Jahre alt. Nach ihm kommt Till, er ist drei Jahre älter als ich und sieht genauso aus wie mein Vater, mit den gleichen dichten flachsblonden Haaren bis zum vierzehnten Lebensjahr, bevor sie anfangen zu dunkeln und fast schwarz werden. Noch einmal drei Jahre nach mir bekommt meine Mama noch einen Buben, Arvid. Mein Vater erzieht mich nicht anders als meine Brüder. Ich habe nur eine Puppe, ich spiele kaum mit ihr. Als ich anfange, mich für Jungs zu interessieren, sieht er das – wie viele Väter bei ihren Töchtern – nicht gerne.

Er holt noch eine Flasche Wein. Mein Vater prüft meine Freunde genau. Er ist ein guter Zuhörer. Er ist intelligent, also kann er mit seinem Gegenüber über fast jedes Thema reden, Musik, Film, Literatur. Außerdem ist er interessiert, er stellt Fragen und will sie auch wirklich beantwortet wissen. Als Tochter kann einem das auf die Nerven gehen, als Gast ist man geschmeichelt. Ich erinnere mich daran, wie begeistert meine

Freundinnen immer waren, wenn sie meinen Vater kennengelernt haben, weil er so charmant und interessiert war.

Oskar und er tun sich leicht miteinander. Beide sind Musiker, beide sind Schreiber, beide sind Phantasten. Ich rede mit meiner Mama, ab und zu lausche ich hinüber. Oskar sagt heute, der Moment, wo klar war, dass sie einander mögen, war der, als ihn mein Vater fragt, wer für ihn denn der Vorreiter der heutigen Popmusik war. Kein Zweifel, dass sie sich auf Johann Sebastian Bach einigen.

Sie haben den Draht gefunden, sie lachen und schenken nach. Es wird ein langer Abend. Ich freue mich. Es funktioniert.

Kurz bevor mein Vater stirbt, verbringen wir ein Wochenende gemeinsam im Burgenland. Oskar und ich sitzen im Hof und sind verliebt und flüstern miteinander. Mein Vater kommt. Er sieht zuerst uns beide an, dann lange mich, und er sagt: »Ich sehe, du bist gut aufgehoben.«

Damals habe ich gehört: »Schön, dass du jemanden hast, den du liebst und mit dem du Spaß hast.« Heute höre ich: »Gut, du bist versorgt, jemand kümmert sich um dich, mich braucht hier niemand mehr.« Ich weiß nicht, ob das stimmt. Aber ich habe gelernt, dass das egal ist. Was zählt ist, wie man mit der Situation fertig wird. Wenn ein Elternteil sich tötet, wird alles, was vorher war, neu gedeutet. Ich versuche mich an alles zu erinnern, was er zu mir gesagt hat. Ich zermartere mir das Hirn: Was war ein Hilferuf? Was war unwichtig? Was war ein Zeichen?

In Kritzendorf habe ich an diesem Sonntag im Juli nach drei Stunden schwimmen genug. Ich halte es nie besonders lange an einem Ort aus. Ich gehe ein paar Mal ins Wasser, lese ein bisschen und dann wird mir langweilig. Ich stoße Oskar an: »Komm, fahren wir.« Er sieht auf und unzufrieden drein. »Wir können noch einen Abstecher machen«, ich zwinkere ihm zu. Er grinst. Manchmal fahren wir mit dem Auto einen Schleich-weg entlang, etwa zehn Minuten Fahrt entfernt kommt man oben auf einem Hügel an. Links und rechts stehen Weinreben, es gibt dort keine Häuser und man sieht weit. Niemand ist da. Wir kippen die Autositze zurück und öffnen eine Flasche Wein. Wir hören Musik und reden miteinander. Manchmal schlafen wir miteinander. Es ist unser Platz, und es macht Spaß dort.

Auf dem Rückweg in die Stadt ist mein Autofenster offen, ich hänge meinen Arm nach draußen. Ich erinnere mich heute noch an die Sonne und die Wärme. Und an die Sicherheit und das Glück, das ich spüre. Später besteht mein Innenleben lange Zeit nur aus Schmerz, Angst und Trauer. Ich bin darauf ausgerichtet zu funktionieren. Manchmal versuche ich mich dann an diesen Moment zu erinnern, als alles in mir pure Harmonie war. Viele Jahre wird es solche Momente nicht mehr geben. Ich weiß, dass ich Oskar glücklich anschaue und sage, jetzt wird alles gut, oder? Er lächelt mich an.

Als wir nach Wien kommen, denke ich kurz daran, meinen Vater anzurufen. Ich weiß, dass meine Mama beschäftigt und nicht zu Hause ist und er also alleine, aber dann denke ich, ach, ich rufe ihn morgen an, und gehe mit Oskar in ein Pub.

Es ist schummrig im Lokal, Kerzen stehen auf den Tischen, im Hintergrund läuft Johnny Cash. Oskar und ich wollen im August nach Paris fahren, ich war noch nie in Frankreich. Wir planen den Urlaub, wann und wie lange wir fahren werden, was wir uns ansehen werden. Vor uns stehen Bier und Tequila, wir haben viel Spaß und kommen spät nach Hause.

An diesem Abend schalte ich das Handy zum ersten Mal seit vier Jahren aus, seit damals mein Bruder gestorben ist. Ich habe immer das Gefühl, erreichbar sein zu müssen, falls etwas passiert. Aber an diesem Abend nicht, ich habe das Gefühl, als hätte ich den Schrecken überwunden.

4 LANDLEBEN

Meine Eltern lächeln sich mit einer verschwörerischen und spöttischen Überheblichkeit an, als sie die junge Frau hinter dem Gatter beobachten, die verzweifelt versucht, drei Schafe und ein Lämmchen einzufangen. Sie hat sie meinen Eltern verkauft, und die sehen ihr bei den vergeblichen Versuchen belustigt zu. Das kann doch nicht so schwierig sein, denken sie. Sie sind extra in die Steiermark gefahren, um ihre ersten Tiere abzuholen. Wie schön sie sich das ausgemalt, wie sorgfältig sie den Stall vorbereitet haben.

Mein Vater hat sich zuvor wochenlang informiert, er will nicht die Schafe, die in der Gegend üblich sind, er will die Schafe, die am besten sind. Er entscheidet sich für Texelschafe, die so heißen, weil sie ursprünglich von der niederländischen Insel Texel stammen. Sie sind Woll- und Fleischschafe, und normalerweise sind die Schafe in unserer Umgebung entweder das eine oder das andere. Allerdings kriegen sie entgegen den meisten anderen Schafen nur einmal im Jahr Nachwuchs, und sie sind beim Annehmen der Lämmer viel empfindlicher als andere Rassen.

Meine Mama wird über die Jahre zur Expertin für Schafgeburten. Anfangs kommt immer der Tierarzt, aber irgendwann bringt er es meiner Mutter bei. Eine Zeitlang denkt sie sogar daran, mit ihm mitzufahren, wenn wir Kinder erwachsen sind, aber der Plan wird irgendwann begraben. Wir ziehen mehr als ein Lämmchen mit Flasche auf oder haben sie in einer warmen Kiste in der Küche stehen, bis sie alt genug sind, um draußen zu überleben.

Diese ersten Tiere aus der Steiermark holen meine Eltern mit einem Kastenwagen, den meine Mutter von einem Freund geliehen hat. Es dauert, bis die junge Frau die Schafe mühsam eingefangen hat, dann machen sich meine Eltern auf den Weg nach Hause. Als sie bei uns in den Hof rollen, fragt meine Mama noch: »Und wie bringen wir die Tiere in den Stall?« »Wir machen sie los, und dann werden sie schon den Weg finden«, gibt sich mein Vater zuversichtlich.

Doch die durch die Fahrt desorientierten Tiere haben natürlich keine Ahnung, wo der Stall ist. »Die Überheblichkeit ist uns schnell vergangen«, sagt meine Mama heute lachend. Die Schafe rennen davon. Meine Eltern hinterher. Sie einzufangen dauert fast drei Stunden, sie hetzen durch das halbe Dorf, vorbei an den staunenden Bauern, die sich herrlich über die ungeschickten Wiener amüsieren. Städter, die Bauern sein wollen! Als die Tiere endlich im Stall sind, ist meinen Eltern das Lachen vergangen. Nicht nur sie sind außer Atem. Das Mutterschaf kann sich vor Erschöpfung kaum noch auf den Beinen halten.

Als mein Vater dreißig wird, will er hinaus aus der Stadt. Er ist Musiker, er hat es satt, Rücksicht auf Nachbarn nehmen zu müssen und in einem Betonblock zu leben, mit Menschen unter, über und neben sich. Aber er weiß nicht, wohin er ziehen soll. Also fährt er mit seinem Auto durch ganz Österreich. Er schaut sich Bergdörfer in Tirol an, Straßendörfer in Niederösterreich oder der Steiermark. Im Burgenland fährt er bis ganz in den Süden. Ein Bekannter erzählt ihm von einem kleinen Dorf. Er fährt bis in die abgelegenen Hügelausläufer. Die schmale Straße wird erst in den neunziger Jahren asphaltiert werden und Straßenlaternen bekommen. Ein kleiner Weg führt weg von der Straße, an seinem Ende steht ein heruntergekommenes kleines Haus, ohne Strom, ohne Wasseranschluss und ohne Kanal. Mein Vater ist zu Hause.

Er kauft das Gebäude und das Land rundherum und beginnt es in den kommenden Jahren zu renovieren und bewohnbar zu machen. Er ist damals Regisseur, er dreht Dokumentationen über Länder und andere Kulturen, und wenn er zurückkommt aus Indonesien oder Madagaskar, hat er wieder ein wenig Geld und baut weiter am Haus.

Es ist ein Bauernhaus, errichtet im Jahr 1915. Die Grundmauern sind fast einen Meter dick, aus doppelt gebrannten roten Ziegelsteinen, weswegen es im Sommer fast immer kühl ist und im Winter kaum Wärme nach außen dringt. Es ist ihm wichtig, dass es ein altes Haus von Bestand ist, und das färbt auf mich ab. Wenn ich mir heute ein Haus bauen würde, wäre es kein Fertigteilhaus, weil ich glaube, was mir mein Vater sagt, auch wenn ich weiß, dass es nicht stimmt: Wenn ein Haus in drei Tagen steht, kann es auch in drei Tagen in sich zusammenfallen.

Das Hauptgebäude steht mit der Front zu dem Weg, von

dem man kommt, rechts davon ist der Hof, und wo er abschüssig wird, stehen der alte große Nussbaum und dahinter ein paar Holunderbäume. Früher standen da zwei Nussbäume, aber der eine vertrocknet, als wir um das Haus eine Trockenlegung machen und ihm dadurch irrtümlich das Wasser abgraben. Aber der andere wächst, er ist riesig, und im Sommer sitzen wir immer unter seinen Ästen, weil es in seinem Schatten angenehm kühl ist und weil Nussbäume so gut riechen. Mein Vater sammelt eine Zeitlang seine grünen Nüsse, legt sie in Alkohol ein und benutzt sie als Mittel zum Einreiben gegen Rheumaschmerzen. Meine Mama benutzt sie, um damit die Schafwolle zu färben. Nach dem Tod meines Vaters hängt meine Mama einen Traumfänger in den Baum. Der hängt da immer noch.

Hinter dem Hof schließen in L-Form Stall und Schuppen an das Haus an. Es steht an einem Hügel. Keine anderen Häuser weit und breit, nur Wald und Wiesen. Wir wohnen nicht direkt im Dorf, sondern in den sogenannten Bergen, etwa zwei Kilometer außerhalb. Unser Hof ist immer vollgeräumt, eine Art kreatives Chaos. Da steht eine Staffelei neben einem Bergmäher, eine kaputte verrostete Scheibtruhe neben einem Kinderschlitten. Das Gras ist mal gemäht, dann wieder nicht. Mein Vater achtet im Detail auf seine Sachen, das Gesamtbild ist ihm egal. Es interessiert ihn nicht, ob alle Rechen an ihrem Platz hängen oder nicht.

Vorne an dem Haus befindet sich ein zwei mal zwei Meter großes Mosaik, das die Mutter meines Vaters aus Tonscherben gefertigt hat, die sie nach dem Zweiten Weltkrieg im zerbombten Wien gefunden hat. Neben der Tür hängt ein schönes, großes Bild, das mein Onkel gemacht hat: Er benutzt eine spezielle Rosttechnik, mit der er auf der Metalloberfläche arbeitet.

An der Front vor dem Haus ist ein kleiner Kräutergarten, mitten drinnen liegt ein überlebensgroßer Kopf aus Stein – als mein Vater als Jugendlicher mal durch Wien spaziert, wird gerade ein Haus abgetragen. Die riesigen Köpfe, die die Fassade geschmückt haben, werden weggeschmissen. Er fragt, ob er einen davon mitnehmen darf. Er darf. Es dauert Stunden, bis er dieses massive Steinstück nach Hause geschleppt hat, aber irgendwann hat er ihn dann im Burgenland, und heute noch liegt der Kopf, mittlerweile moosbewachsen, vor unserem Haus.

Meine Brüder und ich malen mit Kreiden die fünf Steinstufen an, die zum Haus führen, irgendwann bemalen wir auch die Wand. Meine Eltern unterstützen uns immer, wenn wir uns kreativ austoben wollen. Ich wünsche mir als Kind oft mehr Ordnung, ein wenig mehr von dieser spießigen Reinlichkeit, wie ich sie aus den Häusern meiner Mitschüler kenne. Eine Zeitlang wohne ich mit meinen Brüdern in einem großen Raum, wir schlafen in einem Dreier-Stockbett, alle übereinander. Im Zimmer besteht der Boden aus dunklen Holzdielen; darunter sind Lehm und Erde, und nach einigen Jahren ist der Boden an einigen Stellen kaputt, die Erde kommt durch. Es dauert noch ein paar weitere Jahre, bis das repariert wird – meinen Vater interessieren derlei praktische Dinge wenig.

Außer unserem Haus gibt es in den Bergen noch etwa zehn Höfe, keiner davon ist in Sichtweite. Als mein Vater ins Burgenland zieht, hat nur einer davon einen Telefonanschluss, wenn mein Vater angerufen wird, dauert es zwanzig Minuten, bis er geholt und am Apparat ist.

Seine Nachbarn sind etwa zwanzig Jahre älter als er, erfahrene Bauern. Er lernt viel von ihnen, sie werden gute Freunde und für mich und meine Brüder so etwas wie Ersatz-Großeltern. Wir haben in der Umgebung keine Verwandten, die nächsten leben in Wien. Als ich aufwachse, ist das ein wenig schwierig für mich, kein Familiengefüge zu haben wie alle anderen in der Schule.

Mein Vater baut das Haus für sich. Er denkt damals nicht daran, sich an eine Frau zu binden, und Kinder will er auch keine. Am Abend ist er oft in den Gasthäusern der Umgebung, er schließt schnell Freundschaften, und er ist bei Frauen beliebt. Ein junger, selbstbewusster, schneidiger Wiener, der die altbekannte Runde einer abgeschiedenen Gemeinde sprengt, ist in den siebziger Jahren ein Thema.

Aber er lernt eine Frau kennen, mit der sich alles ändert. Zu dieser Zeit arbeitet er gemeinsam mit Karl Bednarik, einem Wiener Autor und Maler. Sie wollen einen Film über die Türkei drehen. Zu einer der Besprechungen kommt mein Vater in das Haus der Bednariks. Meine Mama war damals schon einmal kurz verheiratet und hat einen kleinen Sohn, und an diesem Tag ist sie zu Besuch bei ihren Eltern. Das Kind reißt sich los, rennt hinauf in das Arbeitszimmer, meine Mutter ihm nach. Oben sitzt mein Vater. Die beiden können einander auf Anhieb nicht leiden. Meine Mutter denkt: Was für ein arroganter Arsch. Mein Vater denkt: Was für eine Zicke.

Ein paar Monate später fragt Bednarik seine Tochter, ob sie mit ihm aufs Land fährt, ein Freund von ihm habe sich dort ein Haus gekauft. Meine Mama fährt mit, sie steigt aus dem Auto aus, mein Vater gibt ihr die Hand, beide sehen einander wie zum ersten Mal. Sie verlieben sich ineinander. Es ist eine große Liebe, und ich weiß das, weil das Aufwachsen in meiner Familie mitunter sehr schwierig ist, aber wir Kinder diese Liebe zwischen unseren Eltern spüren können. Ich erinnere mich an den zärtlichen Umgang zwischen den beiden, bei dem es normal ist, dass sie sich immer wieder umarmen, einander liebe Dinge sagen und einander küssen. Immer, wenn jemand das Haus verlässt, liegt da ein Zettel mit Nettigkeiten auf dem Küchentisch.

Mein Vater will nie, dass sie sich vor uns Kindern streiten, meiner Mama ist das egal. Sie sagt immer, das ist in Ordnung, Kinder können ruhig sehen, dass Eltern manchmal verschiedener Meinung sind. Aber sie müssen auch sehen, dass sie sich dann wieder versöhnen und lieben.

Zu Beginn ihrer Beziehung pendelt meine Mutter eine Zeitlang zwischen Wien und dem Burgenland. Irgendwann stürmt mein Vater in ihre Wiener Wohnung und ruft ihr zu: »Wir heiraten!« Er hat das so beschlossen, und meine Mutter ist sehr glücklich und aufgeregt.

Meine Mama ist neun Jahre jünger als mein Vater. Sie ist damals Volksschullehrerin, am Tag der Hochzeit unterrichtet sie noch. Nach der Schule holt mein Vater sie ab. Sie fahren ins Burgenland. Bei der Hochzeit sind nur wenige dabei, ein Freund meines Vaters, dessen Frau und das Nachbarsehepaar. Meine Mama zieht ein schwarzes Schnürlsamtkleid an, die Freundin des Trauzeugen flicht ihr die Haare. Es ist ein warmer und sonniger Herbsttag. Sie fahren auf das Standesamt, anschließend essen sie Torte im Haus der Nachbarn. Als sie wieder zu Hause sind, haben sie einen furchtbaren Streit. Meine Mama weiß heute nicht mehr weswegen. Wenn sie davon erzählt, schüttelt sie den Kopf und sagt: »Das war fast sinngebend, dass dieser glückliche Tag mit einem Drama endet. Als wäre klar, dass diese Ehe nicht einfach dahinlaufen wird, sondern eine mit vielen Hochs und Tiefs wird.«

Ihre Eltern sind bei der Hochzeit nicht dabei. Die Eltern meines Vaters kenne ich kaum, sie sterben, als ich noch nicht einmal fünf Jahre alt bin. Die Eltern meiner Mama kommen uns aber oft besuchen, ich habe ein intensives und gutes Verhältnis zu ihnen. Ich liebe meinen Opa sehr und meine Oma auch. Sie ist eine starke Frau. Während des Zweiten Weltkriegs kämpfen sie im Widerstand. Beide sind sie leidenschaftliche Bergsteiger, und sie verstecken sich mit anderen aus ihrer Gruppe oft in den Bergen. Noch zwei Tage vor Kriegsende wird die beste Freundin meiner Oma wegen Hochverrats hingerichtet.

Die Eltern meiner Mutter haben fünf Kinder und ziehen sie unter widrigen Bedingungen groß. Meine Oma tippt die Bücher ihres Mannes ab. Oft wirkt sie hart, aber das ist nur eine gewisse Bestimmtheit und Resolutheit, die sie sich in den Jahren angeeignet hat. Als meine Mama ihnen sagt, dass sie heiraten wird, sind die beiden nur mäßig begeistert. Mein Opa kennt meinen Vater gut, und zwar als einen Dandy, einen unsteten Mann, der macht, was er möchte.

Aber meine Mutter lässt sich nicht beirren. Sie zieht ins Burgenland und beginnt ein Leben auf dem Land. Heute sagt sie: »Im Laufe eines Lebens bereut man immer das eine oder andere, aber was ich nie bereut oder auch nur bedauert habe, war die Entscheidung, aufs Land zu ziehen und diesen Bauernhof zu führen.«

Es ist eine Aussteiger-Geschichte der siebziger Jahre, in der Hippies aufs Land ziehen und davon träumen, sich selbst zu versorgen. Doch dass mein Vater einen Bauernhof wollte, hat nicht nur mit der Enge der Großstadt zu tun. Es ist sein Versuch, etwas von dem Glück wiederzufinden, das er als Kind so spärlich hatte.

Mein Vater ist das erste von drei Kindern. Er hat keine sehr liebevolle Kindheit. Seine Mutter ist eine Adelige, sie will einen bürgerlichen Maler heiraten, der bereits verheiratet ist. Ihre Familie ist dagegen, er auch. Sie wird schwanger, und die beiden heiraten doch. Mein Vater erzählt später, er habe seinen Vater erst kennengelernt, als er schon sechs Jahre alt ist. Und dass sie kaum eine Beziehung zueinander entwickelt haben.

Mein ältester Bruder erinnert sich, dass unser Vater, als er erwachsen war, noch eine respektvolle Angst vor seinem Vater hatte. Er wächst in einer Zeit auf, in der Männer aus einem Krieg nach Hause kommen, der sie ausgebrannt hat, und wo sie sich anschließend häufig in Familien wiederfinden, die ihnen fremd geworden sind und in die sie sich schwer wieder einfinden. Erziehungsmaßnahmen laufen oft über Züchtigungen, der Vater meines Vaters benutzt dazu bevorzugt einen Kleiderbügel.

Seine Mutter ist streng, ihr gerecht zu werden ist schwer. Den Kindern gegenüber betont sie gerne, dass sie ihre Karriere ihretwegen aufgegeben habe. Nach den Erzählungen meines Vaters lernt er schwimmen, indem er ins tiefe Wasser geworfen wird, und wenn er sich dem sicheren Rand nähert, wird mit Stöcken aufs Wasser geschlagen, so dass er wieder zurück ins tiefe Wasser muss. Erst wenn er nicht mehr kann, holen sie den Buben an Land. Er wird mit uns nie schwimmen gehen.

Mein Vater lernt: Geliebt und gebraucht wird er, wenn er besser ist als andere. 1944 flüchtet seine Mutter mit ihm und der damals erst ein halbes Jahr alten Schwester – sein Vater ist zu der Zeit als Soldat an der Front – aus dem ausgebombten Wien. Der Zug, in dem sie sitzen, wird angegriffen, sie müssen zu Fuß weiter.

Mein Vater, selbst erst vier Jahre alt, muss die Familie auf der Flucht mit Essen versorgen. Er klaut Windeln von Wäscheleinen, Obst von Bäumen, er schmeichelt sich geschickt bei Leuten ein, und in den Luftschutzkellern wird er zum Liebling aller: ein aufgeweckter, kluger, hübscher Junge, flachsblondes glattes Haar, in Lederhose, der es sich zur Aufgabe gemacht hat, andere zu unterhalten. Er weiß, er wird beachtet, wenn er tüchtig ist. Er steht unter dem furchtbaren Druck, bestehen zu müssen, ohne dass jemand Zeit hat, ihn in den Arm zu nehmen.

Schlussendlich landen sie in Osttirol. Sie werden dort von einer Familie aufgenommen, es ist der Beginn einer lebenslangen Freundschaft und wird für meinen Vater zu seiner schönsten Kindheitserinnerung. Mein Vater findet Freunde unter den anderen Kindern, sie machen Streiche, müssen aber auch hart arbeiten und kriegen dafür Anerkennung. Die Mutter dort wird wie zu seiner leiblichen, er liebt sie sehr. In dem Jahr vor seinem Tod fährt er im Sommer mit meiner Mutter nach Osttirol. Sie verbringen eine schöne Woche dort, mein Vater ist ausgelassen wie schon lange nicht mehr.

Sich selbst einen Bauernhof aufzubauen und ihn mit seinen Kindern zu bewirtschaften, mag sein Versuch gewesen sein, sich das Glück aus diesen Kindheitstagen zurückzuholen. In seinem Kopf wird das Leben auf dem Land zu einer Idealvorstellung von Glück, und weil mein Vater Dinge nie einfach nur andenkt, will er diesen Traum verwirklichen.

Gemeinsam mit meiner Mutter kauft er Schafe, Hühner, Katzen, Hunde, einen Traktor und einen Bergmäher für den hügeligen Obstgarten. Sie, die Städter aus einer Generation von Städtern, lernen nun, wie man Heu macht, Schafe schert und sie schlachtet, wie man aus ihrem Fell Wolle spinnt und ihr Fleisch konserviert.

Ganz oder gar nicht, so sieht mein Vater die Dinge. Als er Mitte zwanzig ist, betrinkt er sich in einem Lokal in der Wiener Innenstadt. Er weiß zu der Zeit nicht richtig, was er machen will. Er ist Kulturredakteur bei einer Tageszeitung, vor allem aber ist er Musiker. Er geht auf die Toilette. Und steht vor einem Filmplakat. Als er wieder hinauskommt, will er Regisseur werden. Es ist ein Einfall von vielen, in einem Leben voller Wechsel, aber er stürzt sich ganz hinein. Er geht auf die Filmakademie, er schließt mit Auszeichnung ab und wird Regisseur. Keine halben Sachen. »Du musst etwas finden, was du so sehr machen willst, dass alles andere dahinter verschwindet. Verschwinden muss. Sonst ist es kein Leben«, sagt er mir.

So hat er uns erzogen: Nicht als Kinder, sondern zu neugierigen und interessierten Menschen. Er gibt mir mit, meinen

Jetzt-Zustand ständig danach zu hinterfragen, ob es nicht etwas Besseres gibt. Was fehlt, ist das Gefühl der Zufriedenheit und des Innehaltens. Er konnte es mich nicht lehren, weil er keine Ahnung davon hatte.

Mein Vater pflanzt einen Gemüsegarten, den ehemaligen Rübenkeller baut er zu seiner Bibliothek um. Die Nachbarn geben meinen Eltern Tipps, sie helfen mit. Meine Mama lernt, wie man Wolle mit Blättern färbt, wie man sie kartiert und spinnt. Beide arrangieren sich mit ihrem Leben auf dem Land. Für uns Kinder ist es schwierig. Ich bin in der Schule ein Außenseiter, ich bin nicht beliebt, will aber gerne dazu gehören. Es hilft nicht besonders, dass ich vorwiegend Kleidung aus Schafwolle trage.

Einmal steckt mir ein anderes Mädchen im Schulbus eine Karte zu. Darauf steht: Ich finde dich ganz nett, und du kannst auch meine Freundin sein, aber sag es nicht den anderen. Mein Vater gibt auf derlei wenig. Er hält nichts davon, sich mit anderen zu arrangieren, um dazuzugehören, und das gibt er uns mit. Ich will in der Schule gerne zu den Coolen gehören oder auch nur zu irgendeiner Gruppe, aber ich will auch meinem Vater beweisen, dass ich mich dem Druck nicht beuge.

Mein Vater will uns zu Einzelkämpfern erziehen. Er ist sehr stolz auf uns, und das wissen wir. Er ist stolz darauf, dass wir eine aufrechte Körperhaltung haben, und darauf, dass wir unsere Meinung sagen. Er ist stolz darauf, dass wir fließend reden und grammatikalisch richtig schreiben können, bevor wir eingeschult werden. Eigentlich will er uns zu Hause unterrichten, aber meine Mama ist dagegen. Ich bin froh darüber. Mein Vater ist dennoch mehr ein Lehrer als Vater. Er singt mit uns, er malt mit uns, er denkt sich mit uns Geschichten aus – aber alles hat immer einen erzieherischen Zweck, nichts davon passiert nur spielerisch.

Als wir klein sind, lieben wir Kinder seine Räume. Mein Vater ruft uns immer hinein – wir hätten uns nie einfach so dort breitgemacht, um etwa zu spielen. Aber wenn wir drinnen sind, beschäftigt er sich ausschließlich mit uns. Ich habe in diesen Zimmern gelernt, wie der englische Hofknicks geht, wie man bei Tisch richtig isst, was Alfred Hitchcock über seine Filme dachte, wie Elvis Presley angefangen hat, Musik zu machen, oder wie man möglichst leise von einem Sessel hüpft. Ich habe Bücher abgestaubt, meine ersten James-Bond-Filme gesehen oder mit einem Handtuch als Umhang William Shakespeares Julius Cäsar nachgespielt.

Mein Leben ist das Leben zu Hause, das Leben in meiner Familie, und ich liebe es sehr. Wir gehören zusammen. Das ändert sich ein wenig, als ich mich mit vierzehn verliebe. Überraschenderweise verliebt sich Martin auch in mich, und überraschend ist das deshalb, weil er im Gegensatz zu mir sehr beliebt ist. Er spielt in einer Band, er ist ein guter Tennisspieler, und er hat eine Menge Freunde. Am Faschingsdienstag küssen wir einander das erste Mal, und am nächsten Tag ruft er mich an, und ab da sind wir verliebt. Und mit diesem meinem Freund bin auch ich gleich viel beliebter.

Es dauert, bis sich mein Vater damit arrangiert, dass Martin nun ein wichtiger Teil in meinem Leben ist, dass es einen anderen Mann gibt, auf den ich höre und den ich lieber treffe als ihn. Aber es wird. Als ich mit siebzehn einmal nach Hause komme, sagt er zu mir: »Komm, wir fahren dir Kleidung kaufen.« Das macht er sonst nie. Aber er fährt mit mir in die nächste Stadt, und ich kaufe mir einen wunderschönen Pullover, er ist gestrickt und lang und schwarz-rot gestreift, und für die Daumen hat er Löcher. Ich trage ihn jahrelang und bin sehr glücklich, weil mein Vater glücklich ist und weil er akzeptiert, dass sich Dinge ändern.

5 GRÜN

Kurzgeschichte meines Vaters,
geschrieben am 24. Januar 1994

Wir leben auf dem Land.
Eine ganz kleine Nebenerwerbslandwirtschaft.
Aber doch.
Unser Haus steht inmitten von Feldern und Wäldern.
Der waldige Hang an der gegenüberliegenden Seite des Tals
ist ein sanftes Mosaik aus Grüntönen.
Das Nachbarhaus – ziegelrotes Dach durch die Blätter der
Obstbäume.
Ein grünes Paradies.
Vor unserem Haus stehen zwei alte Nussbäume.
Sie überragen das Haus.
Im Sommer sind sie grüne Kathedralen voll von Duft und
Verheißung.
In der Schafkoppel käuen die Schafe wieder,
die Hühner picken in Hof und Garten nach verborgenen
Köstlichkeiten.
Wind lässt die Birkenblätter flirren.
Wir leben auf dem Land.
Hier sind unsere Kinder aufgewachsen.
Unser jüngster Sohn ist 9 Jahre alt.

Jetzt sitzt er in der Bibliothek.

In der Bibliothek, unter einer alten, bäuerlichen Holzdecke, sind fast 6000 Bücher untergebracht.

An den Wänden, dort, wo die Bücherschränke Platz frei lassen, hängen Bilder meines Vaters;

Bilder, die er gemalt oder gezeichnet hat.

Unser jüngster Sohn sitzt am Schreibtisch.

Vor meinem Computer.

Unser jüngster Sohn umklammert mit schweißnassen Händen einen schwarzen Plastikstängel mit knallroten Tasten, der vor ihm auf dem Schreibtisch steht.

Der Plastikstängel ist ein Joystick.

Joystick heißt Freudenstab.

Mit dem Joystick bewegt unser jüngster Sohn,

der hier im grünen Paradies aufgewachsen ist,

ein gezeichnetes Flugzeug auf dem Computer-Bildschirm hin und her.

Wenn er eine Taste drückt, schießen leuchtende Geschosse aus dem Flugzeug.

Mit diesen Geschossen vernichtet unser jüngster Sohn gezeichnete Raumschiffe,

die ein Computerspiel-Programm auf dem Bildschirm erzeugt.

Unser jüngster Sohn schießt pausenlos auf fremde Raumschiffe;

Auf Geschützstellungen;

Auf feindliche Flugzeuge.

Aus einem kleinen Lautsprecher kommen quäkende, trillernde und jaulende Laute.

Unser jüngster Sohn hat gerade alle Feinde der dritten
Spielstufe besiegt.
Spielstufe heißt Level.

Unser jüngster Sohn sagt: »Papa, Papa, ich bin im vierten
Level!«
In der vierten Spielstufe bewegt unser jüngster Sohn das
gezeichnete Flugzeug über giftgrüne Flächen.
Er schießt.
Er sammelt Punkte, die am rechten Spielfeldrand angezeigt
werden.
»Papa!«,
brüllt unser jüngster Sohn,
der in unserem ländlichen Paradies aufgewachsen ist.
»Papa, schau wie schön! So ein schönes Grün!«

6   HEIMREISE

Das erste, was ich spüre, ist das dunkle Pochen hinter geschlossenen Lidern. Ich wache mit Kopfschmerzen auf und bereue den ausschweifenden Abend im Pub. Oskar und ich wälzen uns aus dem Bett, ich schalte mein Handy ein und sehe, dass meine Mutter versucht hat, mich mitten in der Nacht zweimal anzurufen. Eine böse Ahnung steigt in mir auf, ich schiebe sie weg und gehe unter die Dusche. Oskar kommt nach, und er zieht mich an sich, aber ich reagiere nicht. Ich bin unruhig und ein wenig schlecht gelaunt. Er malt ein Herz auf die mit Wasserdampf beschlagene Duschwand, ich muss lachen und küsse ihn.

Als wir nebeneinander die Straße entlang gehen, bemerkt er meine Unruhe. Er sagt: »Komm, ich lade dich auf einen Kaffee ein.« Ich starre auf den Gehsteig vor meinen Füßen. Die komische Vorahnung, die ich in diesem Moment habe, werde ich in den kommenden Jahren nicht mehr los, und immer, wenn ich mich auf diese merkwürdige Art unruhig fühle, denke ich panisch darüber nach, wen ich vielleicht vergessen habe und wer vielleicht gestorben sein könnte.

Denn alles, was ab diesem Zeitpunkt geschieht, hat sich in

mir eingebrannt. Ich erinnere mich, ohne es zu wollen, an jedes Detail, und das werde ich bis ans Ende meines Lebens müssen. Alle diese Einzelheiten gehören ab diesem Moment zu meiner DNA.

Ich sehe den Starbucks genau vor mir, und diese letzte Tasse Kaffee ebenso.

Der Name meiner Mutter auf meinem Handy-Display.

Ihre Stimme.

Papa ist tot. Papa hat sich erschossen.

Alles bleibt stehen. Ich glaube kurz, dass ich umfalle, dann fängt mich ein Adrenalinschub auf. Die Zeitlupe ist vorüber. Ich beginne, wieder zu funktionieren.

Sind Minuten vergangen, Sekunden?

Ich weiß es nicht. Oskar hält mir die Tür auf, ich sehe, wie sich sein Gesicht verändert. Ich bemerke, wie mein Gesicht sich verändert. Er sagt später, er hat noch nie eine solche Fassungslosigkeit gesehen.

Wir gehen nach draußen.

Oskar versteht nicht, was gerade passiert, nur dass etwas wirklich Furchtbares geschehen ist. Er will mir über den Rücken streicheln, aber ich blicke ihn nur abwesend an. Verunsichert zündet er sich eine Zigarette an und beobachtet mich.

Meine Mutter ist noch am Telefon. Ich weiß nicht mehr, was sie sagt. Ich weiß, dass ich fast anfange zu lachen, weil ich nicht glauben kann, was gerade passiert. Dann sage ich, dass ich meinen jüngeren Bruder holen und ins Burgenland fahren werde.

Nachdem ich aufgelegt habe, rufe ich als erstes in der Redaktion an. Ich erinnere mich nicht daran, was ich vorher zu Oskar sage. Ich bin ganz in meiner eigenen Welt, und die ist darauf ausgerichtet zu funktionieren. Das letzte, was ich kann und will, wäre, mich an Oskar zu lehnen. Ich darf mir keine Schwäche erlauben, ich weiß nicht, ob ich mich dann wieder fangen kann.

Meine damalige Chefin ist eine gute Freundin von mir. Ich kenne sie als einen jener Menschen, die über so viel Energie verfügen, dass es einen beinahe einschüchtert. Ich sage ihr, warum ich nicht kommen werde, warum ich lange nicht kommen werde. Zum ersten Mal höre ich, wie einem Menschen, der sonst immer Worte findet, die Worte fehlen.

Dann gehe ich mit Oskar wieder die Straße entlang, den Weg zurück, den wir gerade erst gegangen sind.

Alles ist anders.

Ich beginne hektisch zu telefonieren. Ohne Sinn und Ziel. Ich befinde mich wie in einer Parallelwelt, die aus Wahnsinn besteht, und kann mich selbst wundernd beobachten.

Das Telefonieren lenkt mich ab. Wenn ich stillhalte, merke ich, wie in mir ein Knoten wächst und wächst. Mein Vater, der stolze, selbstbewusste, dominante Mann, ist tot? Selbstmord? Es kommt mir unwirklich vor.

Ich fühle mich wie in einem Film, alles wartet auf die Pointe. Ich merke, wie mein Körper Unmengen an Adrenalin ausschüttet, irgendwie finde ich die Situation merkwürdig spannend. Ab und zu schüttelt es mich, ich schluchze, aber ich weine nicht. Ich habe panische Angst vor dem, was mit mir passiert, wenn der Adrenalinschub nachlässt. Ich kann das Dunkel dahinter förmlich sehen. Ich schiebe die Angst weg, indem ich mich beschäftige.

Ich rufe meine Oma an, die Mutter meiner Mutter. Als sie mich fragt, was los sei, fällt mir trotz meines Trancezustandes ein, dass ich ihr das unmöglich am Telefon sagen kann. Ich entschuldige mich mit einem fadenscheinigen Grund und lege schnell auf. Ich rufe meine Mutter an. Sie sagt, mein Onkel und meine Tante sind bereits auf dem Weg.

Oskar und ich steigen in meinen kleinen roten Toyota Starlet und fahren zu meinem Bruder, der bei seiner Freundin wohnt. Ich befinde mich immer noch in meinem Film und beobachte alles mit einer gewissen Distanz. Ich habe ein seltsames Gefühl der Anspannung und Aufregung. Wenn ich heute daran denke, dann kann ich dieses entsetzliche Gefühl in meiner Brust noch immer spüren. Als würde in mir etwas zerreißen.

Meine Mama hat die Freundin meines Bruders erreicht und gebeten, ihm Tee zu machen und ihn vorsichtig zu wecken. Als ich unten läute, ist er schon auf dem Weg. Er sieht verschlafen aus und geschockt, und obwohl er normalerweise redet wie ein Wasserfall, ist er vollkommen still. Seine Freundin kommt nicht mit, Arvid macht die Dinge lieber alleine.

Wir fahren zu meiner Oma, ich weiß heute nicht mehr warum. Vielleicht wollen wir nicht direkt nach Hause, vielleicht sind wir auch nicht in der Lage, logische Entscheidungen zu treffen. Meine Oma wohnt am Rande von Wien in einem Haus mit einem schönen Garten. Wir sind oft dort, sonst gibt es munteres Geplauder, an diesem Tag sind wir alle still. Niemand weiß, wie er mit der Situation umgehen soll, alle sind überfordert.

Arvid holt sich eine Flasche Bier, ich nehme ein paar Schlucke. Es ist reines Kräftesammeln vor der Heimfahrt, während in unsere Köpfe sickert: Papa ist tot. Er hat sich getötet. Was soll denn das alles heißen, verdammt?

Nach einer halben Stunde werden wir unruhig, verabschieden uns. Als meine Oma Arvid umarmt, sagt sie: »Man muss nicht alles tapfer ertragen. Du kannst ruhig auch weinen.« Er nickt. Bleich. Ich merke, wie ich ärgerlich werde. Arvid ist damals dreiundzwanzig. In diesem Alter sollte man mit so einer Nachricht nicht geweckt werden. Sollte man nie, aber zumindest ist es zu früh, ihm Ratschläge zu geben, wie er damit umgehen soll. »Er wird schon weinen, wenn er bereit ist«, sage ich ungeduldig. Im selben Moment tut es mir sehr leid. Ich weiß, dass meine Oma selbst nicht weiß, was sie sagen soll. Alles ist aus den Fugen. Ich will nur schnell nach Hause.

Man fährt etwa eineinhalb Stunden über die Südautobahn von Wien ins Südburgenland und dann noch eine halbe Stunde bis in das unterste Eck, wo wir herkommen. Oskar fährt, ich sitze vorne, Arvid hinten. Schweigen. Ich spüre mein Herz klopfen, als ich auf meine Hände schaue, sind sie ineinander verkrampft, die Knöchel weiß, die Finger rot.

Bei der ersten Autobahn-Tankstelle bleiben wir stehen. Wir kaufen Bier und Zigaretten. Während Arvid und Oskar im Gebäude sind, bleibe ich vor dem Auto stehen. Ich schaue auf die Autobahn und auf die Autos, die vorbeirasen, aber ich sehe sie nicht. Ich sehe mich, vier Jahre zuvor, wie ich selbst vorbeirase, auf dem Weg nach Hause, damals im November 2004.

7 TILLS TOD

Musik dröhnt in übersteuerten Boxen, nur ein Lied läuft in Dauerschleife, wieder und wieder. »It's a beautiful day« von U2. Ein merkwürdiger Zufall, ich bin eigentlich kein U2-Fan, aber ich halte an dem Lied fest, in einer Art wahnhaftem Trotz. Ich sitze hinter dem Lenkrad, meine Hände sind ganz ruhig, ich fahre viel zu schnell, aber das kümmert mich nicht, ich merke es nicht einmal. Manchmal, wenn mir die Tränen kommen, verdränge ich sie, indem ich laut mitsinge. »Sky falls, you feel like, it's a beautiful day, don't let it get away.«

In mir Verzweiflung, Leugnung und Trotz. Es ist der 8. November 2004. Draußen ist es nebelig, nasskalt und grau, und dennoch, am Rande der Autobahn stehen wunderschön herbstlich verfärbte Bäume. Die Welt ist gelb, rot, orange und violett. Nur im Herbst liegen das Düstere und das Fröhliche so nahe beieinander. Es ist meine liebste Jahreszeit. »See the bird with a leaf in her mouth, after the flood all the colors came out.«

Am Vorabend war meine Mama bei mir in Wien. Kurz nachdem sie weg ist, telefoniere ich mit meinem Vater. In meinem Kopf wiederholt sich das Gespräch, wieder und wieder. »Hallo

Papa!« Stille. »Papa?« Er sagt: »Ist Mama noch bei dir?« »Nein, sie ist schon weggefahren. Was ist denn los?« Stille. »Was ist los, Papa?« Er klingt, als würde er neben sich stehen. Voller Unglaube. »Till ist gestorben.« Pause. Ich glaube, er irrt sich. »Was meinst du?« In meinem Kopf beginnt sich alles ganz langsam weiter zu drehen. Vor meinem inneren Auge sehe ich Till mit verdrehten Gliedmaßen am Fuß der Wendeltreppe liegen. Ich habe keine Ahnung, warum ich denke, dass er so gestorben ist. »Till ist tot.« »Papa! Was ist passiert?« Mein Vater beginnt zu weinen.

Till ist mein großer Bruder, drei Jahre älter als ich. Er wird im Juli 1978 geboren. Mein Vater ist bei der Geburt nicht dabei, damals ist das noch nicht üblich. Er tigert durch das Krankenhaus, als ihn eine der Krankenschwestern aufhält. Sie sagt: »Sie müssen Herr Jungnikl sein! Kommen Sie mit, Ihr Sohn ist schon auf der Welt. Ich habe Sie gleich erkannt! Er sieht aus, als wäre er Ihnen aus dem Gesicht geschnitten.« Till ist sein Ebenbild.

Meine Eltern nennen ihn nach Till Eulenspiegel, diesem sympathischen Schelm, der die Menschen mit Weisheit und Witz vorführt. Aufgrund eines ärztlichen Fehlers wenige Tage nach der Geburt ist Till geistig behindert, er bleibt sein Leben lang auf der Entwicklungsstufe eines Fünfjährigen. Es ist eine Ironie der Geschichte, dass er mich und meine Familie mehr lehren wird als jeder andere Mensch – ganz im Sinne seines Namenspaten, der ein Narr zu sein scheint und doch so viel mehr ist.

Noch heute kann ich mir nicht vorstellen, unter welchem Schock mein Vater nach seinem Tod gestanden haben muss.

Till und er verbringen viel Zeit miteinander. Sie nehmen gemeinsam Lieder auf, sie sind jeden Tag ein paar Stunden zu zweit. In den letzten Jahren seines Lebens wird Till zum wichtigsten Begleiter meines Vaters.

Ich fahre auch damals zu einer Tankstelle. Warum ich alleine im Auto bin, weiß ich nicht mehr. Ich kaufe mir Zigaretten und zünde mir eine an. Mir ist schlecht, und in meinem Kopf dreht sich alles. Ich habe in der Nacht zuvor kaum geschlafen, ich wollte gleich nach Hause fahren, nachdem ich mit meinem Papa telefoniert habe, aber er will, dass ich erst warte, bis meine Mama zu Hause angekommen ist. Ich will sie gerne anrufen, aber ich traue mich nicht: Ich will nicht, dass sie die Nachricht unterwegs erhält. Ich habe Angst, dass sie dann einen Unfall baut. Die Vorstellung, dass mein Vater und ich wissen, dass Till tot ist, und meine Mama nichtsahnend im Auto sitzt und sich auf zu Hause freut, dass sie keine Ahnung hat, wie sehr sich ihr Leben gerade verändert hat und welcher Horror sie erwartet, setzt mir zu. Ich will sie so unbedingt anrufen, ich will sie irgendwie beschützen, aber stattdessen trinke ich Wodka und gehe unablässig in der Wohnung auf und ab. Martin macht das wahnsinnig, aber er kann mir nicht sagen, dass ich damit aufhören soll. Wir zünden Kerzen an. Als meine Mama mich dann anruft, klingt sie matt. Sie verbietet mir zu fahren, sie sagt, ich soll am nächsten Morgen kommen.

Martin und ich legen uns ins Bett, um etwas zu schlafen, und wir stellen die Kerzen in der Küche in die Spüle. Ich weiß nicht, warum ich mich ausgerechnet daran erinnere, aber ich sehe das Bild genau vor mir. Ich dämmere zwei Stunden vor mich hin, um sechs Uhr springe ich auf und fahre nach Hause.

Mein Vater hat meinen Bruder am frühen Abend gefunden. Beide haben sich am Nachmittag eine Stunde hingelegt. Als mein Vater aufwacht, sieht er Till noch tief und fest schlafen und lässt ihn liegen. Er macht sich einen Kaffee und liest ein wenig. Nach zwei Stunden ist Till immer noch nicht wach. Mein Vater geht in sein Zimmer, er will ihn holen. Sein Sohn ist blau im Gesicht und kalt. Er ist tot.

Till war Epileptiker, er hatte im Schlaf einen Anfall. Während eines epileptischen Anfalls kriegt er manchmal keine Luft, deswegen ist es immer wichtig, ihn gleich auf die Seite zu legen und den Hals zu strecken, damit er nicht seine Zunge verschluckt. Wir wissen das alle, wir können alle sofort erste Hilfe leisten, unsere Eltern haben uns ausreichend vorbereitet.

Mein Vater versucht ihn wiederzubeleben. Er ruft das Rote Kreuz an. Die Frau am anderen Ende schickt sofort einen Krankenwagen, während der unterwegs ist, bleibt sie am Telefon. Sie versucht, meinen Vater zu beruhigen, der bei meinem Bruder wie hypnotisch Mund-zu-Mund-Beatmung und Herzmassage durchführt.

Als der Rettungswagen ankommt, ist mein Papa durchgeschwitzt, aber er hat nicht aufgehört. Ein Arzt ist dabei. Das Team versucht noch eine weitere halbe Stunde, meinen Bruder zu retten. Sie legen Infusionen, verabreichen Medikamente. Die Bettwäsche ist ganz blutig. Till ist tot. In den nächsten Jahren kann ich nicht einschlafen, weil sich in mir eine fixe Idee meines Vaters festsetzt: Till hat einen Anfall. Er kriegt keine Luft. Er versucht Luft zu holen. Er denkt, warum kommt niemand. Niemand kommt. Langsam wird alles pechschwarz. Sein Herz setzt aus.

Dabei entspricht das nicht den Tatsachen. Meine Mama erkundigt sich nach der Obduktion nach dem Ergebnis. Till stirbt an einer Embolie im Kopf.

Doch dass mein Bruder alleine gestorben ist, dass ich nicht da war, das kann ich nicht verwinden. Niemand von uns kann das. Till war das Zentrum unserer Familie, der Liebling aller, und diese Angst, dass er mit dem Gefühl, alleine zu sein, gestorben sein könnte, wird mich niemals loslassen.

Ich habe keine Vorstellung davon, wie es meinen Vater gequält haben muss. Er ist der einzige im Haus. Auch wenn ihm niemand von uns die Schuld gibt, er gibt sie sich selbst.

Nachdem der Arzt Till für tot erklärt hat, macht mein Vater Fotos von ihm. Ich kenne die Bilder, auf denen mein großer Bruder blau im Gesicht ist und er auf einem mit bunten Blumen bedruckten Bettzeug liegt. Ich kenne sie genau, auch wenn ich sie nur einmal vor acht Jahren flüchtig gesehen habe. Als ich die Zimmer meines Vaters nach seinem Tod aufräume, finde ich sie wieder. Mein Vater hat sie sich angesehen, bevor er sich erschossen hat.

Er verändert sich nach Tills Tod auch körperlich. Die Haare werden schneeweiß, der fast zwei Meter große Mann geht plötzlich gebückt, statt auszuschreiten werden seine Schritte kurz und tapsig. In der Nacht vom 6. auf den 7. Juli 2008 hätte Till Geburtstag gehabt. Er wäre dreißig Jahre alt geworden.

Mein Vater stirbt in dieser Nacht. Er ist 67.

Meine Eltern können miteinander kaum über den Tod meines Bruders reden. Als meine Mutter anfängt, sich zu öffnen, bleibt mein Vater verschlossen. Er lässt mich seinen Schmerz nur einmal völlig offen spüren, in diesem ersten Telefonat, das wir nach Tills Tod miteinander führen.

Immer wieder spule ich dieses Gespräch in meinem Kopf ab, während ich die Straße entlangrase, auf der meine Mutter wenige Stunden zuvor gefahren ist. Sie hat mich in Wien besucht, ich weiß heute nicht mehr, wieso. Vielleicht waren wir in einem Konzert, keine Ahnung. Ich wohne damals mit Martin in einer Wohnung, wir sind nur ein knappes Jahr dort, wir trennen uns bald nach dem Zusammenziehen und bald nach Tills Tod.

Ich erinnere mich daran, dass Martin und ich Sex hatten, nachdem meine Mutter wieder weg war. Ich weiß das deswegen so genau, weil ich danach aus Faulheit mein Kleid einfach auf meinen Kleiderschrank werfe, während ich die Nummer meines Vaters in mein Telefon tippe, da er mich zuvor zwei Mal angerufen hat. Monate später, als ich aus der Wohnung ausziehe, werde ich das Kleid wiederfinden, und der Panikschub, den ich bei seinem Anblick erlebe, wird mir den Atem rauben, und Martin wird mich kaum noch beruhigen können, so sehr muss ich weinen. Ich werfe das Kleid weg, und ich hasse es, dass ich mich heute noch daran erinnere.

Während ich mit meinem Papa telefoniere, wandere ich durch die Wohnung, ohne das zu registrieren. Er steht unter Schock. Ich stehe unter Schock. Wir weinen und fluchen, wir trösten uns und umarmen uns über das Telefon. Als ich ihn ein paar Stunden später noch einmal anrufe, hat er sich wieder im Griff. Das Zeitfenster hat sich geschlossen. Ich habe mit ihm nie wieder in dieser Offenheit über Tills Tod geredet. Noch nie und nie wieder hat er sich mir gegenüber so verletzlich gezeigt.

Ich fahre nicht gleich nach Hause, sondern in die Prosektur, den Teil des Krankenhauses, in dem die Obduktionen durchgeführt werden. Der Bestatter hat Till in der Früh abgeholt und bringt ihn nach Güssing, und ich will ihn unbedingt noch einmal sehen. Ich muss ihn sehen, um glauben zu können, dass alles wirklich wahr ist. Es wird das erste Mal sein, dass ich eine Leiche anfasse. Mich schaudert, als ich an diesen Moment zurückdenke und an das blaue, fleckige Gesicht meines toten Bruders.

Plötzlich klopft mir jemand auf die Schulter, es reißt mich aus meinem bizarren Tagtraum. Es ist nicht mehr November, es ist Juli, nicht Till ist gerade gestorben, sondern mein Vater. Arvid steht neben mir, er ist gerade aus der Tankstelle gekommen. Er sieht mich komisch an und sagt mit belegter Stimme, komm, fahren wir weiter.

Es ist sonnig und warm, trotzdem muss ich zittern. Ich steige in das Auto und nehme mir eine Dose Bier. Alles in mir will aus diesem furchtbaren Traum aufwachen. Nein, ich will nicht wieder so nach Hause kommen, und ich will auch keine Leiche mehr sehen, und ich will nicht noch einen Toten haben und mich von einem geliebten Menschen verabschieden müssen. Am liebsten würde ich das laut schreien und dann anstatt ins Burgenland ans Meer fahren, irgendwohin flüchten, um den Albtraum nicht wahr werden zu lassen.

Aber natürlich sage ich nichts, ich weiß, es hat gar keinen Sinn, und vor sich selbst kann man sowieso nicht fliehen, also schalte ich stattdessen das Radio ein und gleich wieder aus, weil ich das belanglose Gequatsche der Moderatoren noch weniger ertrage als die Stimmen in meinem Kopf.

Auf einmal muss Arvid schluchzen. Er beugt sich nach vorne und sagt:»Wir sind eigentlich eine nette Familie, oder? Wir haben nichts Schlechtes getan. Wieso passiert uns immer so etwas Schreckliches?«Er sagt dann nichts weiter mehr, ich kann nichts entgegnen. Noch heute kriege ich einen Kloß im Hals, wenn ich daran denke. Diese Fassungslosigkeit, die wir in diesem Moment spüren und die er mit fast kindlicher Naivität anspricht. Wieso wir? Wieso schon wieder?

Mittlerweile habe ich so viele Antworten darauf und auch wieder keine. Meine Mama hat mich eine Zeitlang damit wahnsinnig gemacht, wenn sie uns mit anderen Familien verglichen hat.»Schau, in der Zeitung, wie furchtbar, eine ganze Familie bei einem Autounfall getötet. Nur die kleine Tochter, die zu Hause war, hat überlebt. Da haben wir es noch leichter.«Ich weiß nicht genau warum, aber ich konnte darauf lange gar nicht reagieren. Was meint sie damit? Leichter? Vielleicht. Leicht? Nein. Ich weiß, dass Dinge passieren, die um ein Ungleiches schlimmer sind als das, was meiner Familie passiert ist.

Es gibt aber auch Familien, in denen passiert gar nichts Schreckliches. Da wachsen Kinder auf, Eltern suchen sich Hobbys, zeitweise trifft man einander, Kinder kriegen Kinder, Großeltern treffen ihre Enkel, und irgendwann, wenn sie alt sind, sterben sie friedlich. Das Leben geht weiter.

Ich hab sie irgendwann gebeten, damit aufzuhören. Ich weiß, dass sie es mir erzählt hat, weil es ihr geholfen hat. Mir nicht. Für mich war es, als würde sie unsere Familientragödien herunterspielen, fast, als müsste ich mich dafür rechtfertigen, dass ich immer noch traurig bin oder wütend, wo es andere Menschen doch noch schwerer haben.

Je näher wir unserem Haus kommen, desto unruhiger werde ich. Ich rutsche auf meinem Sitz ständig hin und her. Das beklemmende Gefühl nimmt zu. Ich versuche, Fassung zu bewahren.

Fast muss ich lachen.

Wir fahren in mein Zuhause, das sich für immer verändert hat.

Ich frage mich, ob ich je wieder ohne dieses Gefühl der Angst und Panik diesen Weg werde fahren können. Mein Autofenster ist offen, und ich sehe die Sonne auf meinem Unterarm. Ich kann nicht verstehen, dass ich das gleiche Bild gestern erst gesehen habe, als wir nach dem Schwimmen von Kritzendorf nach Wien gefahren sind. War das erst gestern? Als ich auch in diesem Auto gesessen habe und so glücklich war, und heute ist meine Welt eine ganz andere?

8 ZUHAUSE

Das Erste, was ich im Hof sehe, ist ein Fleck auf hellem Kies. Dort hat mein Vater also gelegen. Meine Mutter hat Sägespäne auf sein Blut gestreut, um uns vor dem Anblick zu schützen. Und auch weil sie nicht wollte, dass es so offen im Hof liegt. Das Bild brennt sich mir ein. Im Jahr darauf wachsen an der Stelle komische Flechten in einem merkwürdigen Muster, und als ich einmal davorstehe, kann ich den bizarren Gedanken nicht abschütteln, dass sie den Spritzspuren seines Hirns entlang wachsen. Ich schaffe es nicht, die Pflanzen auszureißen. Das Banale als Grausamkeit.

Meine Mutter und mein Bruder Christoph sind da. Sie begrüßen uns. Meine Mama ist klein, wenn wir sie alle umarmen, geht sie zwischen uns Kindern unter, weil wir eher nach meinem Vater kommen und groß sind und sie deutlich überragen. An diesem Tag kommt sie mir noch kleiner und zarter vor als sonst. Sie hat lange graue Haare und ein ganz feingliedriges, schönes Gesicht mit hohen Wangenknochen. Sie benutzt nur sehr selten Make-up. Wenn ich an sie denke, dann immer auch daran, dass sie Ruhe und Gelassenheit ausstrahlt.

Sie wächst in einem sehr weltoffenen Haus auf, und wenn sie von ihrer Jugend erzählt, bezeichnet sie sich immer als naiv, aber ich glaube, ihre sogenannte Naivität hat zu einer Aufgeschlossenheit geführt, deretwegen sie heute noch so freundlich und liebevoll ist und nicht verbittert und zänkisch.

Und nun sammelt die Frau, die sonst mit einer lockeren Gelassenheit und unbeschwertem Humor einfach alles meistert, mühsam ihre Kraft, weil sie ihren Kindern erklären muss, dass ihr Vater beschlossen hat zu sterben und dass sie sich ab jetzt einer Welt ohne ihren Vater stellen müssen. Und weil sie sich selbst nun einer Welt stellen muss, in der ihr Mann nicht mit ihr alt werden wird, nicht mit ihr alt werden wollte.

Christoph ist fürchterlich betrunken. Er ist ein bisschen größer als ich und hat schwarze Haare, wie früher meine Mutter. Wenn sie nass sind, sind sie lockig, und wenn ich an ihn denke, muss ich manchmal an eine seiner Marotten denken: daran, dass er nach dem Schwimmen immer auf einem Bein hüpft, damit das Wasser wieder aus den Ohren rinnt. Als ich sieben bin, zieht er von zu Hause aus. Auch deswegen habe ich zu ihm nicht so eine innige Verbindung wie zu meinen anderen Brüdern.

Christoph nimmt irgendwelche Beruhigungstabletten, die ihm irgendein Arzt gegeben hat, und er drängt uns, sie auch zu nehmen. »Komm, Saskia, das wird dir helfen.« Ich kriege das nur am Rande mit, schüttle abweisend den Kopf, ich kann ihn nicht brauchen, und ich kann ihm nicht helfen, ich starre nur auf den Fleck und dazwischen auf meine Mutter, weil ich in dem Moment vor nichts mehr Angst habe, als dass sie auf einmal umfällt und auch tot ist.

Meine zwei Brüder und ich setzen uns auf die Gartenmöbel, einige Meter von der Stelle entfernt, wo mein Vater gelegen hat. Wir rücken nicht nur körperlich zusammen. Wir trinken Bier, wir rauchen. Meine Mutter zeigt uns den mintgrünen Post-it-Zettel. Seine letzten acht Worte, nur an uns gerichtet. Sie ist am Abend zuvor nach einem Konzert nach Hause gekommen, da lag mein Vater schon seit etwa einer Stunde tot im Hof. Meine Mama erzählt, wie sie meinen Vater im ganzen Haus gesucht hat. Sie findet oben in seinem Zimmer den Zettel, sie ist irritiert und versteht den Inhalt nicht ganz. Sie läuft durch das ganze Haus, sie spürt, wie ihre Angst wächst. Als sie sieht, dass die Tür zum Schlafzimmer ein Stück offen steht, weiß sie, dass etwas passiert ist.

Im Hof fällt sie dann fast über ihn. Mittlerweile in einem Schockzustand, redet sie sich ein, dass er nur hingefallen ist und gleich wieder munter wird. Es fängt an zu regnen.

Mir wird alles zu viel. Die Sonne scheint, die Vögel zwitschern, die Katzen streichen um unsere Beine. Es ist ein schöner Sommertag, und in mir ist so eine unglaubliche Diskrepanz zwischen dem, was ich sehe, und dem, was ich spüre, und dem, was ich zu glauben weiß, dass ich es kaum aushalte. Ich muss immer wieder zu dem Fleck sehen. Alles ist irreal.

Wir behelfen uns, indem wir Witze machen. Das tun wir in unserer Familie oft, an dem Tag halten wir es nicht anders. Der Sarkasmus wird unser Schutzschild. Wenn das Furchtbare, das geschehen ist, in unseren Köpfen zu präsent wird, blödeln wir ein wenig herum. Dann fängt wieder jemand an zu weinen, und der Schrecken kommt zurück. Es ist eine merkwürdige Unterhaltung, die wir im Hof führen. Konzentriert und rastlos zugleich, wir weinen, wir lachen, manchmal schaut jemand auf den dunklen Fleck. Es ist anstrengend und sehr wichtig.

Irgendwann stehle ich mich davon. Ich gehe den Gang hinüber in sein Zimmer. Vor der Tür hängt ein alter Vorhang, er ist immer auf die rechte Seite gespannt und voller Staub. Ich schaue ihn lange an. Dann die Türklinke. Ich sehe meine Hand darauf und ich spüre, wie ich plötzlich anfange zu zittern. Ich gebe mir einen Ruck und mache die Tür auf. Ich sehe die verfärbten Wände. Es riecht nach meinem Papa und nach Lavendel und Sandelholz und nach Staub. Alles, was ich sehe, hat er als Letzter berührt. Ich schaue suchend umher, in mir ein Funken Hoffnung, dass das alles ein großes Missverständnis ist.

Gleich wird er die Treppe herunterkommen und sagen: »Saskia, was machst du denn hier? Wie schön!« Ich könnte ihm um den Hals fallen und ihn lachen sehen. Die Vorstellung, dass dieser wichtige und präsente Mann in meinem Leben für immer daraus verschwunden sein soll, erscheint mir unvorstellbar.

Doch an seiner statt sehe ich einen Tatort. Auf dem großen Schreibtisch liegt achtlos hingeworfen die Revolver-Hülle aus hellbraunem Leder. Ob er sich da schon beeilt hat? Wollte er es hinter sich bringen, ehe es sich anders überlegt? Noch Jahre später kann ich nicht einschlafen, weil ich mir diese Fragen stelle, weil ich im Kopf alles nachzuspielen versuche und probiere, mich in ihn hineinzuversetzen. Mein Vater ist in meinem Leben fast dreißig Jahre lang dagewesen, ich kenne ihn so gut, also muss ich doch verstehen können, was er sich da am Ende gedacht hat.

Ich gehe die Wendeltreppe nach oben. Rechts steht die Couch, davor der Tisch, den er selbst entworfen und gebaut hat. Eine Glasplatte, eingelassen in vier massive Holzblöcke. Darauf Unordnung. Stifte, Papiere, Aufzeichnungen, Musikkassetten, Fernbedienungen und ein halbvolles Weinglas. Ich setze mich an seinen Platz, und auf einmal muss ich fürchterlich weinen. Ich schluchze »Papa«, der Geruch macht mich fertig, und ich muss noch mehr heulen. Ich kann nicht verstehen, was hier gerade passiert.

Es kommt mir so vor, als ob mein Verstand und mein Herz kilometerweit voneinander entfernt sind, und beide nicht begreifen, mit welcher Situation sie sich jetzt auseinandersetzen müssen. Als wäre mein Hirn zu träge, um aufarbeiten zu können, was da jetzt um mich herum geschieht. Noch nie in meinem Leben war ich so hilflos. Ich bin reduziert auf simple lebenserhaltende Maßnahmen wie atmen und aufrecht gehen, während sich in meinem Kopf und meiner Brust alles dreht.

Ich beginne, mich umzusehen und in den Papieren zu stöbern. Ich finde nichts, was mir im Moment weiterhilft. Dann muss ich aufhören, es ist für den Moment zu viel. Ich renne die Treppe hinunter und den engen, hohen Gang entlang. Am Ende hängt auf der linken Seite ein Spiegel. Ich sehe kurz mein Gesicht und bleibe stehen. Es flackert nur ein schwaches Licht im Gang, das Gegenüber im Spiegel ist fahl. Unheimlich. Hat er sich noch einmal angesehen, als er vorbeiging? Was denkt man, wenn man weiß, das ist mein letzter Weg? Denkt man?

Ich glaube, er ist daran vorbeigehastet. Dann erwache ich aus meinem gruseligen Rollenspiel und eile hinaus ins Freie. Vorbei an dem Nussbaum, unter dem er sich erschossen hat.

9 WAFFEN

Ich bin eine ausgezeichnete Schützin. Wir Kinder können alle ausgezeichnet schießen. Als wir jung sind, montiert mein Vater Zielscheiben an der Schuppenwand. Sie haben unterschiedliche Größen, er klebt sie auf einen viereckigen dunkelblauen Schaumgummi. Wir schießen mit Pfeil und Bogen, mit Revolver und Gewehr. Ich habe eine ruhige Hand und ein gutes Auge, ich treffe in die Mitte, und ich treffe mehrmals in dasselbe Einschussloch.

Mein kleiner Bruder erinnert sich daran, dass er mit Gewehr und Zielfernrohr Äpfel auf hundert Meter Entfernung zerschossen hat. Ich weiß das nicht mehr. Aber ich erinnere mich daran, dass wir manchmal am Ende des Weges einen Tisch mit Büchsen darauf aufgebaut haben. Irgendwann waren wir Kinder bessere Schützen als mein Vater, und er hat unsere Schießwettbewerbe dann öfter stolz-grummelnd beendet.

Die Waffe, mit der er sich erschießt, stammt von unserem Nachbarn. Es ist ein uraltes Modell. Eine Rast & Gasser M1898, erfahre ich aus dem Polizeibericht, ein Revolver aus der Zeit der kaiserlichen und königlichen Armee Österreich-Ungarns. Er erschießt sich mit einer Waffe, deren Zeit schon lange abge-

laufen ist. Experten bemängeln die geringe Mannstoppwir-
kung, Anfang des 20. Jahrhunderts wird sie durch die Pistole
Roth-Steyr Modell 1907 ersetzt. Nahe an den Kopf gehalten,
hat sie wohl noch genug Schlagkraft entwickelt. Unser Nachbar hat sie irgendwann gegen Ende des Zweiten Weltkriegs
irgendwoher gekriegt. Als er von der Front nach Hause kommt,
steht alles Kopf, er fühlt sich nicht sicher in seinem Haus und
besorgt sich die Waffe. Das ist damals nicht unüblich, in vielen
Haushalten gibt es Waffen. Als er sie nicht mehr braucht, zeigt
er sie meinem Vater, und der will sie haben.

Meine Mutter ist dagegen. Sie ist in einem zutiefst pazifis-
tischen Haushalt aufgewachsen, sie hat Angst vor Waffen, und
sie will keine im Haus haben. Mein Vater setzt sich durch.
Anfang der achtziger Jahre ist das Waffengesetz in Österreich
ziemlich lasch. Mein Vater kauft dem Nachbarn die Pistole ab,
ich weiß nicht, ob das illegal oder nach dem damaligen Waffengesetz in Ordnung war. Im Laufe der Jahre kommen weitere Waffen dazu. Wir haben ein Repetierer Voere, eine Dop-
pelbockflinte Armitalia, eine Schrotflinte und eine Rifle.

Das Waffengesetz wird 1996 verschärft, ab da muss mein
Vater regelmäßig zum Arzt und zur Schießprüfung. Es wird
überprüft, ob er mit der Waffe umgehen kann und ob er in
einer ausreichend gesunden geistigen Verfassung ist, um eine
Waffe zu besitzen. Es gibt nie ein Problem. Ein paarmal wird
bei uns zu Hause unangemeldet kontrolliert, ob die Waffen
ordnungsgemäß und abgeschlossen aufbewahrt werden und
ob er Munition und Waffe getrennt voneinander lagert. Auch
hier gibt es nie ein Problem. Mein Vater ist sehr gewissenhaft.

Wir schießen nie auf Lebewesen, das kommt uns auch gar

nicht in den Sinn. Außer beim Schlachten, da tötet mein Vater die Schafe mit einem Schuss. Es ist damals in der Gegend üblich, die Tiere an den Hinterfüßen aufzuhängen und ihnen dann die Kehle mit einem Messer durchzuschneiden und sie ausbluten zu lassen, ähnlich wie beim Schächten. Mein Vater findet das grausam, der Tod komme zu langsam, sagt er. Deshalb schießt er den Schafen zuerst in den Kopf und schneidet ihnen dann die Kehle durch.

Er macht uns immer wieder klar, dass wir die Tiere als Nutztiere halten, und deswegen verbietet er uns, ihnen Namen zu geben. Wir sollen keine Beziehung zu ihnen aufbauen. Als ich so elf Jahre alt bin, ziehe ich eines der Lämmchen mit der Flasche auf, weil die Mutter es verstoßen hat. Ich habe es besonders gerne, und trotz der Warnungen nenne ich es Antonio. Antonio ist wie mein Hund.

Wenn ich spazieren gehe, läuft er neben mir her, und wenn ich dazwischen Pause mache und mich ins Gras setze, legt er sich neben mich. Manchmal besuche ich ihn nur so in der Koppel und lehne mich an ihn und lese. Die Zeit vergeht, und Antonio wird ein stattlicher junger Widder. Bereit zum Schlachten. Und mein Vater schlachtet ihn tatsächlich, obwohl ich bettle und bettle, dass er ihn für mich am Leben lässt. Ich weiß nicht, ob es ihm ums Prinzip geht, ob er mir eine Lektion erteilen will, oder ob er einfach findet, das Schaf ist im richtigen Alter, um geschlachtet zu werden. Ich vermute Letzteres. Als Antonio an der Reihe ist, verkrieche ich mich in unserer Vorratskammer. Ich kauere mich ins hinterste Eck und halte mir die Ohren zu, damit ich den Schuss nicht höre. Es hilft nicht, ich kann den lauten Knall immer noch hören, wenn ich daran denke. Ab diesem Zeitpunkt esse ich einige Jahre kein Fleisch mehr. Auch wenn mein Vater versucht mir zu erklären, dass die Tiere Nutzvieh sind, verstehe ich nicht, warum er Antonio nicht verschont hat. Ich gebe nur noch einem Schaf einen Namen, einer alten Schafkuh. Ich nenne sie Hortensie, sie ist dumm und stur und reicht Antonio bei weitem nicht das Wasser, aber sie lebt lange und friedlich und stirbt irgendwann eines natürlichen Todes.

Als ich so zwanzig bin, verliert mein Vater das Interesse an der Schafzucht, und die letzten übrig gebliebenen Tiere dürfen, bis sie von alleine sterben, ein entspanntes Leben führen. Zum Schluss haben wir nur noch ein Pärchen, und dann stirbt das Schaf, und übrig bleibt ein alter Widder. Mein Vater kann ihn nicht leiden, und meine Mama sagt heute, sie glaubt, das hätte daran gelegen, dass das Tier einsam gewesen sei und deshalb traurig, und mein Vater sich ihm gegenüber schlecht gefühlt habe und sich selbst auch einsam.

Der Widder ist wirklich nicht der Cleverste, aber als ob er die Abneigung meines Vaters spüren könnte, stellt er sich am Nachmittag immer vor das hintere Fenster zu seinem Zimmer und beginnt dort, monoton und ausdauernd zu blöken. Es macht meinen Vater wahnsinnig. Er sagt, das Schaf blökt ständig in Fis, und dieser Ton sei nicht zu ertragen. Also blökt er dem Schaf eine Zeitlang den Ton E vor, in der Hoffnung, das Tier würde ihm zuliebe seine Tonlage ändern. Dass es das nicht tut, wertet er als eine gezielte Missachtung seiner Person.

Der Widder überlebt meinen Vater. Meine Mama sagt einmal, sie wundere sich, dass mein Vater nicht zuerst das Tier erschossen hat. Tatsächlich geht sie am Tag nach dem Tod meines Vaters ängstlich in den Stall und ist erleichtert, als sie den Widder lebendig sieht.

Einige Monate später stirbt dann auch das Tier, und meine Mama weint tagelang. Es ist, als ob sie erst durch den Tod des Schafes versteht, dass ihr Mann wirklich tot ist. Sie ruft den Abdecker an. Er kommt am Nachmittag mit seinem riesigen Wagen voll toter Tiere und holt den Widder ab, unser letztes Schaf. Er fragt meine Mama, ob das alles noch auf den Namen Erhard geht, und meine Mama stockt, weil das alles noch so ungewohnt für sie ist. Alleine sein. Sie sagt, nein, mein Mann ist gerade erst gestorben. Das geht jetzt alles auf meinen Namen. Der Abdecker schaut sie an, und dann sagt er: »Welcher Jahrgang simma denn?« Meine Mama ist irritiert: »49«. Der Abdecker mustert sie von Kopf bis Fuß, ihm scheint zu gefallen, was er sieht, denn er sagt: »Na, eh gut gehalten! Wie wär's, wollen wir nicht einmal auf einen Kaffee gehen?« Meine Mama windet sich aus dem Gespräch, sie ist sowieso seit Wochen in einer Art Trancezustand. Nachher geht sie ins Haus. Sie geht intuitiv in ihr Badezimmer, um sich die Hände zu waschen.

Meine Mama macht bei unseren Schießübungen nie mit. Nach dem Tod meines Vaters erzählt sie mir, wie sie eines Nachts Anfang der neunziger Jahre aufgewacht ist. Mein Vater liegt nicht neben ihr. Sie steht auf und sucht ihn. Er sitzt in seinem Zimmer am Schreibtisch, die Pistole in der Hand. Meine Mama ist geschockt. Sie geht hin und nimmt sie ihm weg. Sie unterhalten sich die ganze Nacht. Mein Vater hat damals keinen Filmauftrag, er ist depressiv und trinkt zu viel. Meine Mama sagt: »Ich kann nicht verhindern, dass du dich tötest, wenn du das wirklich willst. Ich kann dich nicht vierundzwanzig Stunden am Tag überwachen. Aber versprich mir, bevor du es tust: Komm zu mir und rede mit mir.« »Ich verspreche es.« »Du musst es mir wirklich versprechen!« »Ja, das tue ich.« Zwanzig Jahre später bricht er sein Versprechen.

Nach dem Tod meines Vaters nehme ich nie wieder eine Waffe in die Hand. Meine Mama bringt noch im Juli 2008 alle unsere Waffen aus dem Haus. Sie gibt sie in einem Geschäft in der Nähe ab, und bei der Todeswaffe besteht sie darauf, dass sie unbrauchbar gemacht und vernichtet wird. Niemand soll daraus jemals wieder eine Kugel abfeuern können. Die Pistolenhülle behalten wir.

10 GEWITTER

Mein Vater liebt Gewitter. Vor allem Sommergewitter. Immer wenn sich eines angekündigt hat, reißt er Fenster und Türen auf.

Er ist dann ganz ausgelassen, beinahe übermütig. Gemeinsam zählen wir mit, wie weit das Gewitter noch entfernt ist, er bringt uns Kindern bei, wie man das macht. Meistens gehen wir mit ihm vor die Tür, er beobachtet gern den Himmel und wie sich die Farben ändern. Er liebt den Geruch, mit dem sich ein Gewitter ankündigt, und die Stimmung vor der Erleichterung, wenn endlich die ersten Tropfen fallen.

Oft haben wir nachher mittlere Überschwemmungen im Haus. Schon als wir noch ganz klein sind, stellt er sich mit uns auf dem Arm draußen unter den Nussbaum. »Blitz! Donner!« Wir rufen alle mit. Es ist nie bedrohlich, es ist schön.

11 ARZT

Aufzeichnung meiner Mutter
vom 7. Juli 2008

In meinem Kopf beginnt es zu rasen. Wo ist mein Mann? Ich
hätte ihn doch im Haus sehen müssen. Wo ist er? Ich laufe
noch einmal durch alle Räume, immer wieder rufe ich seinen
Namen. Das Auto fällt mir ein. Vielleicht sitzt er im Auto? Ich
drehe das Außenlicht an und mache die Eingangstür auf. Nein,
er ist bestimmt nicht im Auto. Ich mache die Tür wieder zu.
Erhard? Vielleicht ist er ja doch im Auto. Ich gehe hinaus.

Ich schaue nach links. In dem Moment erhellt ein Blitz den
Hof, ich sehe ihn liegen, dann ist es wieder dunkel, ein Don-
nerschlag. Es beginnt zu regnen. Ich laufe zu ihm, zerre an
seinem Arm. »Komm schon, steh auf, du wirst krank!« Weiß
ich nicht schon, dass er tot ist? Nein, ich will es nicht wissen.
Vielleicht hat er zu viel getrunken und sich in Erwartung des
Gewitters nach draußen gelegt. Er mag Gewitter gerne. Früher
hat er die Kinder immer mit nach draußen genommen, wenn
es richtig gestürmt und geregnet hat. Ich laufe hinein und hole
eine Decke. Mir ist bewusst, dass es eine sinnlose Geste ist, der
Regen durchweicht die Decke in kürzester Zeit, aber ich muss
es trotzdem tun.

Was jetzt?

Mir fällt ein, dass Erhard nach dem Tod von Till das Rote Kreuz angerufen hat. Ich suche die Telefonnummer, eine Männerstimme meldet sich. »Ich glaube, mein Mann ist tot.« Zum ersten Mal ausgesprochen, aber nicht wissend, nicht glaubend. »Wie heißen Sie? Wo wohnen Sie? Wir kommen sofort!«

Ich rufe Christoph an, sage ihm, was passiert ist. Er ist betrunken, er will gleich kommen. Nein, du kannst nicht Auto fahren, bleib zu Hause!

Ewigkeiten vergehen.

Ich schaue immer wieder bei der Türe hinaus, gehe auf und ab. Warte. Hoffe, dass er nur betrunken ist. Dass die Helfer lachen und sagen werden: »Deswegen haben Sie uns geholt?«

Endlich die Autolichter. Es schüttet wie verrückt. Die Sanitäter kommen zu mir in die Küche. Ich zeige ihnen, wo mein Mann liegt. Eine Helferin bleibt bei mir, die anderen gehen hinaus. Sie will, dass ich mich hinsetze, ich kann nicht sitzen, ich muss mich bewegen, ich gehe ständig auf und ab. Psychologen sagen, wenn Leute während des Telefonierens ständig hin und her gehen, bedeutet das, dass sie die Kontrolle behalten wollen.

Welche Kontrolle habe ich noch?

Ich kenne den Arzt. Er kommt in das Haus und sagt, er sieht eine große Wunde am Kopf, auf der linken Seite. »Er ist gestürzt, oder?« Ich starre ihn an. »Ist da eine Waffe?« Der Arzt geht hinaus. Er findet die Pistole.

Ich habe weder eine Wunde noch eine Pistole gesehen. Kann das sein?

Der Arzt ruft die Polizei.

Ich gehe auf und ab, ich schöpfe Luft, beobachte mich, reiße mich zusammen, koche mir einen Tee, trinke ihn nicht, gehe wieder hin und her, dazwischen muss ich immer wieder so tief Luft holen, als würde ich ersticken.

Die Helfer fragen mich, wo sie Erhard hinlegen können. Ich spüre einen Anflug von Panik. Wo wollen Sie ihn hinlegen? In die Küche? Hinauf in das Schlafzimmer? In das Wohnzimmer? Es übersteigt meine Kraft, mir das vorzustellen. Zum Glück sagt der Arzt, er darf nicht bewegt werden, bis die Polizei da ist.

Inzwischen ist Christoph hier, zwei Freunde haben ihn gebracht und sind wieder gefahren. Er hat Whiskey dabei und trinkt ständig. Führt sich auf. Brüllt herum. Ich ärgere mich, dass ich ihn angerufen habe.

Von Tills Tod hat er von mir erst einen Tag später erfahren. Nicht aus Nachlässigkeit, sondern weil ich es ihm aus Angst nicht sagen wollte. Ich wusste, wie weh es ihm tun würde. Er hat das damals falsch verstanden, er dachte, er ist in dieser Familie nicht wichtig. Ich wollte diesen Fehler nicht noch einmal machen. Nun sitzt er da und schüttet Whiskey in sich hinein, und ich muss ihn ständig trösten. Wo ich selbst kaum kann. Ich versuche Saskia anzurufen. Sie hebt nicht ab.

Die Polizei kommt. Sie stellt Fragen, geht durch das Haus. Sie nehmen den Post-it-Zettel. Ich sage, sie müssen gut darauf aufpassen. Ich muss ihn unbedingt wieder kriegen! Sie sagen, selbstverständlich bekomme ich ihn wieder. Ich rede viel, ich will ihnen zeigen, dass ich klar und vernünftig bin. Plötzlich fällt mir auf, dass ich ihnen viel zu intime Dinge erzähle, Dinge, die niemand wissen sollte. »Sie reden aber mit niemandem darüber, was ich Ihnen jetzt gesagt habe!« – »Nein, natürlich nicht.«

Bevor der Arzt wegfährt, will er mir Beruhigungstabletten geben. Doch nein, danke, ich brauche sie nicht. Ich habe Angst davor, welche zu nehmen und dadurch meine Beherrschung zu verlieren. Ich muss klar bleiben. Ein sehr schmaler Grat, auf dem ich mich bewege, und nur ja keinen falschen Schritt, weil der Absturz wäre tief.

Die Kriminalpolizei kommt. Wieder die gleichen Fragen. Sie nehmen Fingerabdrücke von Erhard. »Sie können jetzt den Bestatter anrufen.« – »Mitten in der Nacht?« – »Ja, der ist das gewöhnt.«

Ich rufe den Bestatter an. Es ist zwischen zwei und drei Uhr früh.

Christoph geht immer wieder hinaus und legt sich zu Erhard. Er stellt fest, wie glatt und friedlich sein Gesicht ist. Frieden und Erleichterung. Ja, das habe ich auch festgestellt, als ich ihn gefunden habe. Er will ständig, dass ich noch einmal hinausgehe, doch ich gehe kein einziges Mal mehr hinaus. Ich bleibe in der Küche.

Ab und zu sehe ich aus der Eingangstür. Ich sehe, wie der Bestatter die Decke wegnimmt. Ich sehe, wie er meinen toten Mann in sein Auto bringt, nur bekleidet mit Hose, Socken und Hausschuhen. Es ist unwirklich und unerträglich. Tür zu – nein, das ist nicht mein Leben. Das passiert nicht mir.

12 TILL

Es gibt ein Foto von Till und mir, das ich besonders gerne mag. Er ist sieben, und ich bin nicht ganz vier Jahre alt. Er sieht in die Kamera, seine hellblonden Haare sind ganz verstrubbelt, er hat einen trotzig-stolz-weinerlichen Ausdruck im Gesicht und seine Hände sind unzufrieden verschränkt. Ich stehe rechts von ihm und sehe zu ihm auf, mit der Bewunderung einer kleinen Schwester.

Till hat an diesem Tag einen Mäher gestohlen. Er hat ihn vom Hof eines Nachbarn geschleppt und ist damit durch das Dorf und über den steilen Hang bis zu unserem Haus gefahren. Stolz ist er, weil er das alleine geschafft hat. Unzufrieden ist er, weil ihm meine Eltern erklären, dass wir den Mäher zurückgeben müssen. Trotzig ist er, weil er sich innerlich darauf vorbereitet, sich dagegen zu wehren. Denn das leuchtet ihm nicht ein, schließlich hat es ihn eine Menge Kraft und Schweiß gekostet, ihn bis zu uns zu bringen. Ich verstehe ihn, ich bin ganz hingerissen von meinem wagemutigen und starken Bruder.

Es gibt kaum Fotos aus meiner Kindheit, auf denen ich ohne Till zu sehen bin. Er ist drei Jahre älter als ich, aber wir machen fast alles gemeinsam. Als ich drei bin, bekommt meine Mama meinen jüngsten Bruder Arvid, und ab da passe ich viel auf Till auf. Arvid ist laut, er schreit und weint viel, er ist ein anstrengendes Kind, und unsere Eltern sind ausgelastet und ständig beschäftigt. Till und ich sind aufeinander angewiesen. Er fehlt mir jeden Tag.

Seine ersten Zitteranfälle hat er mit sieben Monaten, den ersten schweren epileptischen Anfall mit zwei Jahren. Meine Eltern haben keine Ahnung, was los ist. Sie fahren zu einigen Spezialisten, doch niemand kann es ihnen wirklich erklären. Für Till ist jede Untersuchung eine Anstrengung, also hören sie wieder damit auf.

Jahre später rollt sich die Geschichte langsam auf.

Als Till drei Tage alt ist, wird er meiner Mama weggenommen. Er ist drei Wochen zu früh auf die Welt gekommen und hat einen viel zu hohen Bilirubinwert. Die Ärzte überweisen ihn in ein vermeintlich besseres, weil größeres Krankenhaus. Meine Mama muss allein nach Hause, sie weint viel und fühlt sich ohne das Baby verloren. Doch Neugeborene mit einem so hohen Bilirubinwert werden einer Phototherapie unterzogen, damals ist die Methode noch ganz neu. Die Schwestern und Ärzte sind mit der Methode noch nicht wirklich gut vertraut.

Das Baby muss eine Woche lang unter einer kurzwelligen, blauen Licht-Lampe liegen, es hat zum Schutz vor den schädlichen und hochdosierten Strahlen eine Binde über den Augen. Meine Eltern sind jeden Tag im Krankenhaus, jedes Mal ist die Binde verrutscht, und der Säugling starrt schutzlos in das Licht.

Meine Eltern beschweren sich, sie sagen zu den Schwestern, das könne doch nicht gut für das Baby sein. Die Krankenschwestern wiegeln ab, wir passen schon auf, mischen Sie sich nicht in unsere Arbeit ein. Später nimmt die Lichtempfindlichkeit meines Bruders immer mehr zu, sobald er in flackerndes Licht sieht, wie etwa bei einem Fernsehapparat oder wenn die Sonne hinter Bäumen hervorblitzt, wenn man mit dem Auto daran vorbei fährt, kriegt er einen epileptischen Anfall. Meine Eltern sind der festen Überzeugung, dass das Lichtzentrum im Hirn meines Bruders zerstört wurde.

Ich kann nicht erahnen, was meine Eltern damals durchmachen, was mein Vater durchmacht, der so stolz auf seinen Erstgeborenen ist, denn für mich ist das als Kind keine Sache. Till ist mein Bruder, so wie die anderen beiden. Weder ich noch die anderen behandeln ihn anders, geschweige denn vorsichtiger. Das tut er ja schließlich auch nicht mit uns.

Meine Eltern leben uns diese Normalität vor. Till ist nie anders in unserer Familie integriert – neben all den Besonderheiten, die seine Behinderung nun einmal mit sich bringt. Aber wir machen uns über ihn genauso lustig, wie wir auch mit ihm lachen und kuscheln und Dinge besprechen. Manchmal versteht er sie, manchmal nicht.

Till ist schon vor mir in der Volksschule, aber die Lehrer geben uns in dieselbe Klasse, damit ich mich um ihn kümmern kann. Till ist anders als die anderen, und deshalb machen sich die Mitschüler über ihn lustig und über mich, weil ich zu ihm gehöre und versuche, ihn zu verteidigen.

Schon in der Früh stellen sie uns im Bus ein Bein, oder sie belegen alle Plätze mit ihren Jacken und Schultaschen, so dass wir uns nicht hinsetzen können. Wenn wir aus dem Bus steigen, wird Till von den älteren Jungs manchmal verprügelt, und weil ich ihm helfen will, werde ich mit ihm mit verprügelt, das macht den Jungs wenig Mühe, ich gehe quasi im Aufwaschen mit. Während sich in mir Wut und Angst festsetzen, bleibt Till arglos. Er ist zu den Kindern immer gleich nett, egal, wie sie ihn behandeln. Er bleibt freundlich und zutraulich. Till ärgert sich nur über Dinge, wenn sie es ihm wert sind. All die Schmähungen und Kränkungen und Wunden, die mich so hart treffen, lassen ihn kalt. Er weint vielleicht kurz, aber am nächsten Tag geht er erneut mit Unbekümmertheit und Sicherheit in den Kampf.

Es ist eine weise Einstellung, die er da so instinktiv vertritt: Sie können ihm weh tun, aber es muss ihn ja nicht nachhaltig treffen. Und dass ihre Attacken so ohne Wirkung bleiben, nimmt den Jungs langsam den Spaß. Nach einiger Zeit lassen sie uns in Ruhe, sie werfen uns höchstens ab und zu noch ein paar spöttische Dinge an den Kopf.

In mir bleibt dennoch eine jähzornige und hilflose Wut gegenüber allem und jedem, das meine Familie bedroht. Noch heute bin ich wachsam, wenn ich Menschen sehe, die anders sind und die vielleicht ausgelacht werden, dann mische ich mich sofort ein, auch wenn ich das eigentlich gar nicht will. Ich lerne, mich zu verteidigen. Doch als auf einmal der Tod mein Gegner wird, der meine Familie unerwartet und mitten ins Innerste trifft, bin ich völlig hilflos.

Mit elf Jahren kommt Till in ein Internat in unserer Nähe, immer von Montag bis Freitag. Meine Eltern brauchen Hilfe, weil Christoph um diese Zeit nach Wien zieht. Er hat sich vorher innig und viel um Till gekümmert, und nun fehlt er nicht nur ihm als Bezugsperson. Für Till werden die Menschen im Internat zu seiner zweiten Familie, er hat ein eigenes Zimmer, und es gibt Pferde und ein Schwimmbad und einen Musikraum. Es ist wichtig für ihn, dass er andere Menschen kennenlernt als seine Verwandten und auch mehr Zeit außerhalb seines Elternhauses verbringt. Wie jeder Heranwachsende braucht auch er einen Bereich in seinem Leben, der nur ihm gehört. Irgendwann hat er im Heim eine Freundin, sie heißt Michaela, und ab und zu legen sie sich nebeneinander und halten sich im Arm.

Till hat ein enges Verhältnis zu seinen Betreuern, vor allem zu einer jungen Frau, die sich besonders um ihn kümmert. In der Nacht seines Todes hat sie einen Traum. Till verabschiedet sich von ihr, er gibt ihr ein Bussi auf den Mund, »das haben wir sonst nie gemacht«, erzählt sie später meiner Mama. Dann umarmt er sie und geht in ein Haus, das strahlend hell ist. Hinter den Fenstern sieht sie munteres, fröhliches Treiben. Sie will ihm nachgehen, aber sie kann sich nicht bewegen und sie darf nicht in das Haus, und meine Mama, die im Traum neben ihr steht, darf es auch nicht. Am nächsten Morgen erfährt sie, dass Till gestorben ist.

Till hat im Internat ein zweites Zuhause, und er ist dort auch sehr glücklich, aber am liebsten ist er daheim. Als ich schon in Wien wohne, hole ich ihn am Freitagnachmittag oft ab, um ihn mit nach Hause zu nehmen, und wenn ich zum Eingangstor gehe, höre ich ihn schon glücklich juchzen, weil er oben beim Fenster gewartet und mich gesehen hat. Wenn ich dann drinnen bin, rennt er mir entgegen und fällt mir um den Hals, und manchmal springt er auf mich drauf. Zum Glück ist er immer sehr schlank, sonst würde ich vermutlich hinfallen, er ist fast einen Kopf größer als ich.

Er ist ein sehr hübscher Junge, mit großen grünen Augen und schönen Lippen, und nur wenige würden vermuten, dass er behindert ist, wenn sie nicht mit ihm reden. Er kann sich selbst waschen und anziehen und essen und auf die Toilette gehen, das macht alles einfacher.

Till freut sich immer auf unser Zuhause, auf Mama und die Geschwister, aber am allermeisten freut er sich auf unseren Papa. Er hängt an ihm, in beinahe abgöttischer Liebe. Was er sagt, kann ihn entweder irrsinnig glücklich oder aber furchtbar unglücklich machen. Mein Vater verbringt seine Zeit mit Till nicht anders als seine Zeit mit uns: lehrend. Die praktischen Dinge, wie zum Arzt fahren oder Till aus dem Internat abholen, ihn ins Bett bringen und ähnliches überlässt er meistens meiner Mama.

Ich weiß, dass mein Vater mit Tills Behinderung hadert, aber ich weiß nicht, wie sehr. In unserem täglichen Leben fällt es mir zumindest nicht auf. Zwischen meinem zehnten und vierzehnten Lebensjahr kämpfe ich damit, dass mein Bruder so anders ist. Ich wünsche mir, ich hätte einen »normalen« großen Bruder, so wie die anderen Kinder auch, einen der Fußball spielt und nicht auffällt, wenn man mit ihm einkaufen geht. Als ich in die Pubertät komme, entwickle ich Stolz auf meinen Bruder. Ich bin stolz, dass Till anders ist und darauf, wie er ist. Ich nehme ihn gerne mit einkaufen oder mache Ausflüge mit ihm.

Mein Vater hat nie ein Hehl aus Tills Behinderung gemacht,

meine Eltern haben ihn nie versteckt. Kurz nach seinem Tod finde ich eine Kurzgeschichte, die er 1993 geschrieben hat.

Es geht darin um ihn, wie er an einem Abend nach der Arbeit erschöpft nach Hause kommt. In seinen Zimmern ist das Radio an, der CD-Player, der Computer, der Plattenspieler mit Bruckners Dritter – alles läuft. Er geht in die Küche, und dort sitzt Till und will sich gerade Tee machen. Der Wasserkocher glüht ohne Wasser, aber Till sitzt geduldig mit der leeren Teetasse am Küchentisch. Mein Vater ist furchtbar wütend über all die Unordnung und dass Till einfach bei ihm war und seine Sachen benutzt hat, er schreit Till an und schickt ihn ins Bett. Er räumt auf und dann beginnt er nachzudenken. Er stellt sich vor, wie Till in der Nacht aufsteht und wie er jetzt zeigen kann, dass er alles kann, was auch Papa kann, und zwar ohne Aufsicht.

»So geschickt ist er!

Sicher würde der Papa ›ausgezeichnet‹ sagen!

Und jetzt der CD-Player. Einschalten. Das Fach öffnen. Eine CD einlegen. Um eine CD aus dem Regal zu holen, muss er ein wenig probieren; drücken und heben, so geht's, dann springt die CD aus ihrer Verankerung.

Er ist sehr glücklich.

Schade, dass ihn niemand sieht, wo er doch so geschickt ist.

Er ist ein wenig ängstlich, aber doch stolz.

Allerdings, ganz wohl ist ihm auch nicht so alleine, und außerdem weiß er, dass er das alles eigentlich so alleine nicht tun darf, aber er kann das, und also tut er das, weil er das kann und nicht immer tun darf, wenn er will, und weil die Geschwister immer so viel reden und alles tun dürfen, und er merkt, dass sie ihn oft und oft gegen ihren Willen bewundern müssen, weil der Papa will, dass sie ihn bewundern, und das ist doch eigentlich dumm, weil er ja gerade beweist, dass er das alles wirklich so kann, wie der Papa das immer macht, und er darf doch sonst immer nur ein bissl was machen und nicht alles, obwohl er doch eigentlich ohnehin alles genauso gut kann, er ist doch immerhin schon fünfzehn Jahre alt und groß genug.

Jetzt wird er sich Tee machen.

Er geht in die Küche.

Er holt sich eine Dose Tee.

Er nimmt den Tee-Portionierer-Löffel.

Er stellt die elektronische Tee-Uhr auf vier Minuten ein.

Das kann er gut.

Er holt sich eine Tasse.

Eine Teetasse!

Dazu die passende Untertasse.

Er stellt die Tasse auf den Tisch vor sich hin.

Er schaltet den Wasserkocher ein.

Da geht die Türe auf, und der Vater kommt herein. Papa ist wütend. Papa schreit und schimpft.

Aller Stolz wird Schuldbewusstsein.

Alles Getane war wieder einmal falsch.

– –

Und alle Wut wird Traurigkeit.

Aber morgen.«

Aber auch morgen ist die Ungeduld manchmal stärker und manchmal schwächer. Es gibt kein konstantes Leben mit Kindern, schon gar nicht mit behinderten. Es ist nicht leicht mit

Till als Bruder, und es muss unfassbar schwer gewesen sein mit ihm als Sohn. Aber wir geben nichts, was wir nicht von ihm zurückkriegen. Er ist ein anstrengendes, glückliches, eigenwilliges und zufriedenes Kind. Wir machen keinen Unterschied unter uns Geschwistern. Till und ich prügeln uns, und wir beschützen einander, wir sind eifersüchtig aufeinander und verpetzen uns bei den Eltern, aber wir halten auch zusammen. Er ist tüchtig und schlau und unbeholfen, und niemand kann so wunderschön aus sich heraus lachen wie er.

Kinder, bei denen Ärzte glauben, sie können ihnen vor der Geburt eine Behinderung nachweisen, dürfen in Österreich und Deutschland bis zu ihrer Geburt abgetrieben werden. Die Grenze zwischen legaler Abtreibung und strafrechtlichem Mord liegt bei einem Wimpernschlag. Bei gesunden Kindern endet die Abtreibungsfrist mit Ende des dritten Monats.

Till war vor seiner Geburt nicht behindert. Hätten wir ihn nicht kriegen sollen, hätten wir gewusst, wie er sein wird? Die Welt, in der er lebt, ist eine eigene, das ist richtig. Sie ist um nichts weniger faszinierend und um nichts weniger wert als die Welt, in der ich lebe. Ich weiß nicht, wie ich mich entscheiden würde, wenn mir mein Arzt eine solche Diagnose über mein ungeborenes Kind stellt.

Ich bin mir sicher, dass Menschen wie Till für eine Gesellschaft wichtig sind, und ich bin mir deswegen sicher, weil er aus mir einen anderen Menschen gemacht hat. Ich möchte nicht der Mensch sein, der ich ohne ihn geworden wäre. Er hat mich sensibler, freundlicher, offener und toleranter gemacht.

Und wer sagt, dass er nicht auch ein Recht auf diese, seine

siebenundzwanzig Jahre hatte? Um die er jeden Tag genauso gekämpft hat wie wir.

Es liegt in der Natur der Sache, dass Ärzte eine Statistik vor sich sehen, wenn sie bei einem Ungeborenen mögliche Behinderungen vermuten. Sie klären die Eltern über die prozentuale Wahrscheinlichkeit des Überlebens des Kindes auf, sie sagen ihnen, wie alt das Kind statistisch gesehen vermutlich werden und wie das Kind aufgrund seiner Behinderung vermutlich sein wird. Es gibt aber Dinge, die entziehen sich einer Statistik.

Oder vielleicht auch nicht: Es gibt aktuelle Umfragen, wonach über neunzig Prozent der Befragten, die sich für ein behindertes Kind entschieden haben, sagen, sie führen ein erfülltes Leben, sie glauben, dass ihr Kind glücklich sei und dass die Existenz ihres Kindes das Leben der Familie bereichere. Und das, obwohl über achtzig Prozent von ihren Ärzten vor einem Leben mit einem solchen Kind gewarnt wurden.

Meine Eltern finden nach langen Jahren endlich einen Arzt in Graz, dem sie vertrauen, weil er sie ernst nimmt und ihnen zuhört und sich die nötige Zeit für sie nimmt. Irgendwann sagt er zu ihnen, es sei unglaublich, Till entspreche in so vielen Punkten nicht seinem Krankheitsbild. Er sei weder aggressiv, noch habe er Angst vor anderen Menschen. Im Gegenteil. Er gehe offen auf Menschen zu und sei ein herzlicher und fröhlicher junger Mann. Erfolge wiegen bei einem behinderten Kind doppelt.

Aber sie sind eng gekoppelt an die Unterstützung, die Eltern bekommen, und an ein offenes Umfeld. Wir haben Hilfe gebraucht, Till hat Hilfe gebraucht, und wir hatten das Glück, diese Hilfe zu erhalten. Es wäre vielleicht besser, darüber zu diskutieren, wie Eltern von behinderten Kindern geholfen werden kann, damit solche Kinder einen akzeptierten Platz in der Gesellschaft haben – und ihre Familien auch.

Am Wochenende vor Tills Tod sehe ich ihn zum letzten Mal. Ich bin zu Hause, und oft ist es so, dass ich dann meine Freunde treffe oder zu Martin fahre, aber an diesem Samstag nehme ich mir komischerweise besonders viel Zeit für ihn. Es wird eines der schönsten Wochenenden, an die ich mich erinnere.

Wir gehen gemeinsam mit Mama spazieren, und wir machen Scherze mit ihm. Er soll auf einem Bein stehen, sagen wir, und Till reißt das andere Bein immer so hoch, dass er mit dem Knie auf Brusthöhe ist und dann steht er wackelig und staksig auf seinem einen Bein da und sieht aus wie ein Storch, und wir müssen alle drei lachen. Nachher machen wir uns Tee und plaudern und kuscheln. Als ich am nächsten Tag wieder nach Wien fahre, sagt er, nein, fahr nicht, bleib da. Ich sage, aber Till, ich komm bald wieder und dann nehme ich dich einmal mit nach Wien, gut, dann gehen wir in den Zoo, okay? Er sieht mich nur lange an. Sogar auf dem Weg nach Wien verfolgt mich dieser Blick noch, und ich sage zu Martin, in den nächsten Ferien muss Till unbedingt ein paar Tage zu uns kommen, das wird schön. Das nächste Mal sehe ich ihn im Leichenschauhaus.

Da Till wie ein Kind ist, will er auch viel Nähe. Wir kuscheln sehr viel. Ich glaube, das fehlt meiner Mama nach seinem Tod mit am meisten. Es fehlt uns allen.

Im Sommer 2004, wenige Monate vor seinem Tod, fahre ich mit Till und unserer Mama nach Kroatien. Seit Jahren nehmen wir uns vor, endlich einmal gemeinsam mit ihm ans Meer zu fahren, trotzdem kommt immer etwas dazwischen, immer verschieben wir, aber nicht in diesem Jahr. Es wird eine der glücklichsten Wochen in meinem Leben, und ich bin heute nicht mehr sicher, ob das daran liegt, was in dieser Woche passiert oder daran, was danach passieren wird.

Wir fahren in der Früh im Burgenland los, nehmen die Autobahn durch Ungarn, es geht relativ schnell, und in knapp vier Stunden sind wir am Meer. Ganz am Ende der Insel Krk, dort, wo es nicht mehr weitergeht, steht auf einer kleinen Anhöhe ein Hotel. Es ist noch nicht ganz fertig gebaut, viele Zimmer stehen noch leer, weil sie nicht verputzt oder eingerichtet sind, aber es gibt ein Zimmer im Erdgeschoss für uns drei, mit Doppelbett und einem extra Klappbett.

Schon die Fahrt war angenehm, und auch in der restlichen Woche geht es Till so gut wie schon Monate zuvor nicht. Er hat keinen einzigen epileptischen Anfall, er lacht viel, und er jammert auch nicht oft, dass er nach Hause zu Papa will. Wir gehen mit ihm wandern, essen und schwimmen, und wir haben alle drei eine Menge Spaß. Erstaunlicherweise gehen wir einander nie auf die Nerven, wir streiten nicht ein einziges Mal.

Till geht nicht gerne ins Wasser, er kann nicht schwimmen, deswegen sitzt er meistens am Ufer im Schatten und schaut uns zwar belustigt, aber verständnislos dabei zu, wie wir ins Meer gehen. Meine Mama versucht ihn zu locken. Sie sagt, wenn du hinein kommst, dann erzählen wir das dem Papa!

Dass du im Meer warst und geschwommen bist! Der wird sich aber wundern! Till überlegt.

Dann steht er vorsichtig auf und geht ins Wasser, ganz langsam und ein wenig schwankend tastet er sich im Meer vorwärts. Plötzlich rutscht er auf den Steinen aus. Er taucht mit Körper und Kopf völlig unter. Till ist ein bisschen autistisch, er kann gar nicht gut damit umgehen, wenn etwas plötzlich aus der Ordnung gerät. Seine Bürste muss zum Beispiel immer dort liegen, wo der von ihm zugeteilte Platz ist. Und er kann es nicht leiden, wenn ihm etwas Ungeschicktes passiert. Till lacht am meisten, wenn einem der Erwachsenen ein Missgeschick passiert, wenn wir hinfallen oder wenn wir etwas fallen lassen oder etwas kaputt machen.

Er weiß, dass er langsamer ist als andere Menschen und langsamer als seine Geschwister. Er hat sie nach sich kommen und ihn dann in der Schule überholen sehen. Er merkt, dass sie schneller reden und schneller denken als er. Das verletzt ihn. Er arbeitet unermüdlich daran, mit uns Schritt zu halten, und wird dennoch mühelos von uns abgehängt. Wenn also einem von uns so etwas Ungeschicktes passiert, heißt das, wir stehen doch auf einer gleichen Stufe.

Dass er jetzt also ausrutscht und dass er dabei bis zu den Haaren nass wird und dass er das so aber gar nicht geplant hat, ist eine denkbar schlechte Kombination, was seine Laune angeht. Mama und ich warten bang. Till taucht auf. Er steht. In seinem Blick pures Entsetzen. Mit einer Hand fuchtelt er vor seinem Oberkörper hin und her. Und dann muss meine Mama furchtbar lachen.

Er schaut sie ungläubig an, dann mich, die ich auch anfange

zu lachen, und dann muss er so mitlachen, dass er gar nicht daran denkt, dass er sich gerade noch fürchterlich ärgern wollte. Ich erinnere mich genau daran, wie er da im Wasser steht und seine dunkelblaue Badehose anhat, und meine Mama steht ein bisschen weiter hinten im Wasser, und ich sitze am Strand und wir drei lachen.

Zwei Monate später ist er tot, und Dinge aufzuschieben, die ich gerne machen will, ist für mich seither keine Option. Eine schöne Erinnerung mehr ist eine mehr.

13 SOHN

Ein Gedicht meines Vaters,
geschrieben im November 2004

Ein sonniger Novembertag
entblätterte Bäume wehen im Wind
Unser Sohn ist tot

Katzen durchruhen das Haus
Auch essen sie bisweilen
Unser Sohn ist tot

Wahlbetrug in der Ukraine
Amerika ist ärgerlich
Unser Sohn ist tot

Holz in den Ofen
Wärme im Haus
Unser Sohn ist tot

Die Wintermode ist sexy
Pelze sind wieder in
Unser Sohn ist tot

Ich bin so müde
Ich bin so müde
Unser Sohn ist tot

Jesus wurde gekreuzigt
Mel Gibson hat einen Film gemacht
Unser Sohn ist tot

»Iss etwas!«
»Tue etwas!«
Unser Sohn ist tot

Ohnmächtige Stille
Tränenlose Leere
Unser Sohn ist tot

Nachrichten und Musik
Muntere Moderatoren
Unser Sohn ist tot

E-Mail-Probleme
Neue Winter-Reifen
Unser Sohn ist tot

Liebe ist Sehnen
Dass es dem Geliebten gut geht
? –

Während wir schluchzen
Lebt unser Sohn
Lachend

Lieber Till!

14 LEICHE

Vorhang auf, Vorhang zu. Vorhang auf, Vorhang zu. Es macht mich wahnsinnig. Die ganze Zeit schieben fremde Frauen die Vorhänge zur Seite, starren mich an und machen die Vorhänge dann wieder zu. Was wollen sie von mir? Ich kauere auf dem Boden und versuche mich so klein wie möglich zu machen. Ich möchte aufhören zu weinen, aber das funktioniert nicht. Jahre später, wenn mein Vater stirbt, kann ich das besser kontrollieren. Im Laufe der Jahre nehmen meine Tränen ab, ich wünsche mir manchmal sogar, ich könnte öfter weinen, um loszulassen. Aber an diesem 8. November 2004, dem Tag nach dem Tod meines Bruders, habe ich damit kein Problem und mich nicht unter Kontrolle.

Ich bin gerade mit dem Auto aus Wien gerast, und nun sitze ich auf dem feuchten und kalten Betonboden vor der Prosektur in Güssing. Da Till zu Hause gestorben ist, und die Todesursache nicht offensichtlich ist, muss er obduziert werden. In der Früh hat es geregnet, und danach riecht es jetzt und nach den Bäumen, die hinter dem Haus stehen, und nach nasser Erde und abgefallenen Blättern.

Nebenan ist das Krankenhaus, und aus dem starren mich

die Schwestern dauernd an. Ich kann sie förmlich reden hören: »Schau, wer ist denn das? Wer isn da gestorben? Kennst du die?« Können sie mich nicht in Ruhe lassen?

Ich fange an zu zittern. Ich habe Angst. Gleich wird der Leichenwagen kommen, in dem mein Bruder liegt. Mein großer Bruder. Es ist mir wichtig, mich von Till zu verabschieden, in mir ist so ein Gefühl, dass ich erst dann verstehen werde, dass er tot ist, wenn ich ihn auch tatsächlich tot sehe. Der Bestatter hat ihn aus unserem Haus geholt und bringt ihn nun zur Obduktion. Endlich kommt der Wagen an. Der Bestatter steigt aus, seine Frau auch, die auf dem Beifahrersitz gesessen hat. Sie gehen zur Rückseite des Autos und holen die fahrbare Bahre heraus. Ich folge ihnen. Auf der Bahre liegt mein Bruder, aber ich kann ihn nicht erkennen, er ist in einen milchigen Plastiksack verpackt.

»Darf ich den bitte aufmachen?« »Wir schieben ihn nur in die Halle, gut?« »Ja.« »Sie sind die Schwester?«, fragt die Bestattersfrau. Ich nicke abweisend. »Und Sie wohnen in Wien, oder wie? Was machen Sie denn dort?« Ich wende meinen Blick zum ersten Mal von diesem Sack ab und schaue sie irritiert an. Die kleine Frau sieht mich erwartungsvoll an. »Ich, äh, ich studiere dort …« »Aha, was denn?« »Ich, also ich mag jetzt wirklich nicht reden …«

Ich folge der Bahre in den Raum. Mittlerweile habe ich aufgehört zu weinen, vielleicht aus Angst davor, was mich erwartet. Heute habe ich keine Vorstellung mehr davon, wie es in dieser Leichenhalle ausgesehen hat. Vielleicht sehe ich mich aber auch gar nicht um. Oben beim Kopf beginnt der Reißverschluss, der Bestatter zieht ihn auf. Tills Gesicht hat eine bläuliche Blässe, es ist ein wenig gefleckt. Seine Augen sind geschlossen, seine schönen Lippen sind dunkelblau, seine Haare kleben am Kopf. Sein sehniger Oberkörper ist nackt. Es ist kein Blut zu sehen. Meine Mama hat den ganzen Morgen bei ihm im Bett gesessen und hat ihn im Arm gehalten. Irgendwann hat sie ihn dann gewaschen.

Für mich sieht er aus wie immer und irgendwie auch überhaupt nicht wie er. Ich bin erschrocken. Ich erkenne seine Muttermale, sein Gesicht, das mir genauso vertraut ist wie mein eigenes. Aber dieser Körper ist nicht wirklich mein Bruder, und zum ersten Mal kriege ich eine Vorstellung davon, was Leute meinen, wenn sie sagen, ohne seinen Geist ist der Mensch nicht mehr vorhanden.

Die Frau lässt nicht locker. »Arbeiten Sie auch?« »Ja.« »Aha, und was denn bitte?« »Darf ich bitte ein wenig mit ihm alleine sein?« Der Mann nimmt seine Frau am Arm. Er zieht sie weg und murmelt etwas von »Raum vorbereiten«, dann bin ich kurz alleine. Ich möchte Till gerne einen Kuss geben, aber ich traue mich nicht. Ganz vorsichtig strecke ich meine Finger aus und streichle ihm über die Wange. Er ist eiskalt. Ein schwerer eiskalter Fleischklumpen, modelliert, als wäre er mein Bruder.

Auf einmal kriege ich kaum Luft und muss wegsehen. Ich wippe mit meinem Oberkörper vor und zurück, das gewöhne ich mir zu diesem Zeitpunkt an, und als mein Vater stirbt, passiert es wieder öfter. Es beruhigt mich.

Ich sehe wieder zu Till. Unverändert. Schnell beuge ich mich vor und gebe ihm einen flüchtigen Kuss auf die Wange. Mehr geht nicht. Ich gehe zur Tür, ohne zurückzusehen.

Bis heute weiß ich nicht, was ich sagen soll, wenn mich

jemand fragt, wie viele Geschwister ich habe. Zwei. Lebende. Eigentlich drei. Prägende. Aber wenn ich sage drei, und man fragt mich, was sie machen oder wo sie leben, was sage ich dann? Es gibt keine Bezeichnung für Menschen, die einen Bruder oder eine Schwester verloren haben. Ich bin Halbwaise, weil mein Papa tot ist, aber was bin ich, weil mein Bruder tot ist? Es gibt auch keine Bezeichnung für Eltern, die ein Kind verloren haben. Sie können Witwe oder Witwer sein, aber das eigene Kind zu verlieren, scheint so unnatürlich zu sein, dass es dafür noch nicht einmal ein Wort gibt. Als wäre es das denkbar schlimmste Grauen in unserer Gesellschaft, und wir wollen es noch nicht einmal durch ein Wort anerkennen.

Eine Woche nach seinem Tod wird Till begraben. Es ist der Tag vor meinem dreiundzwanzigsten Geburtstag. Ich erinnere mich nicht an viel. Nach meinem Besuch in der Prosektur weiß ich nur noch, dass ich bei uns zu Hause am Küchentisch sitze und meine Hände fürchterlich zittern.

Mama sagt, das ist der Schock. Wir haben uns alle in der Küche versammelt, niemand mag jetzt alleine sein.

Meine Mama will für Till ein Tuch machen, das wir über den Sarg legen. Es soll ihn beschützend einhüllen, und so bemalen wir ein weißes Leinentuch ganz bunt. Zum Schluss kommt von jedem von uns, auch von unseren Freunden, ein Handabdruck in bunter Farbe darauf, unsere Hände sollen ihn begleiten. Es kommen sehr viele Leute zu dem Begräbnis, daran kann ich mich noch erinnern, aber an mehr nicht, außer, dass meinem Papa während der Predigt eine Träne die Wange herunterrollt, und ich seine Hand nehmen will, er aber nicht reagiert und die Träne rasch wegwischt.

Er hat den Text für die Beerdigung selbst geschrieben, der Pfarrer, der ihn vorträgt, ist ein guter Freund von ihm. Der Text geht so:

Till Erhard Jungnikl wurde am 7. Juli 1978 in Güssing geboren. Es war ein stürmischer Tag.

Wegen der Unverträglichkeit der Blutwerte seiner Eltern wurde er einer ärztlichen Behandlung unterzogen, die letztlich eine bleibende geistige Behinderung hervorrief.

Till war sechsundzwanzig Jahre alt, als er starb, ein Bursche mit dem muskulösen Körper eines Mannes, der auf dem Land aufgewachsen war, und mit dem Gehirn eines Fünfjährigen.

Till liebte das Land, er liebte Menschen und Tiere. Er war ein herzlicher und herzensguter Bub.

Von Technik und Handwerk war er zeitlebens fasziniert. Er war glücklich, wenn er den Traktor starten durfte, die Motorsäge oder den Bergmäher. Wenn er dann bisweilen selbst – in unerfindlichen Kurven – eine Wiese mähte, war seine Freude vollkommen. Auch die Geräte der Unterhaltungselektronik hatten es ihm angetan: Er legte geübt und begeistert Tonbandspulen ein, legte Platten auf und spielte Musikkassetten, auf die er auch in einem wohl zelebrierten Ritual – »Pause drücken, Aufnahme, Pause los« – Musik seiner Wahl aufnahm.

An seinem Sterbetag war Till fröhlich und guter Dinge. Mit seinem Vater nahm er am Gottesdienst in Kukmirn teil. An diesem drittletzten Sonntag des Kirchenjahres wurde über ein gewaltiges und zugleich hoffnungsfrohes Wort aus dem Brief des Paulus an die Römer gepredigt. Darin heißt es: »Leben wir, so leben wir dem Herrn; sterben wir, so sterben wir dem Herrn. Darum: wir leben oder sterben, so sind wir des Herrn.«

Auch wurde im Rahmen des Gottesdienstes ein Kind getauft, was Till, der kleine Kinder über alles liebte, sehr freute. Mit strahlenden Augen und eng an den Vater geschmiegt, verfolgte er die Taufzeremonie.

Im Nachhinein erscheint auch ein Detail der Predigt als hellsichtige und frohe Botschaft; da war von einem Grabstein die Rede, auf dem nach dem Geburtsdatum eingemeißelt war: »An diesem Tag begann er zu sterben!« und nach dem Todesdatum: »An diesem Tag begann er zu leben!«

So wollen auch wir im Vertrauen auf das ewige Leben in Jesus Christus bekennen: »7. 7. 1978: Hier begann Till zu sterben!« und »7. 11. 2004: An diesem Tag begann unser Till zu leben!«

Nachher Stille.

Nur das Läuten der Glocken und das Geschluchze der Menschen.

Keine Musik. Meine Mama wollte keine.

Sie wollte auch keine Blumen. Nur Spenden an das Haus Gabriel, in dem Till gelebt hatte. Auf den zweihundert Metern von der Halle zum Friedhof will ich neben meinem Vater gehen, aber er registriert mich nicht, er registriert gar nichts.

Er weint auch nicht.

Er geht tiefgebückt, langsam, seine Hände sind vor dem Bauch gefaltet. Ich kann mir nicht vorstellen, wie es ihm gegangen sein muss. Er begräbt seinen ersten und ältesten Sohn. Diesen Weg hinter sich zu bringen, muss ihm unglaublich viel abverlangt haben.

Später sind wir bei uns zu Hause, wir machen hier das Totenmahl. Mein Vater verschwindet in seinem Zimmer, sobald wir im Haus sind. Stunden später kommt er wieder hinaus, und dann hat er sich gefangen und plaudert mit jedem, erzählt Geschichten über Till und sich. Er kann sich niemandem anvertrauen.

Wochen später erzählt mir meine Mama, dass er an einem Samstag, als er alleine zu Hause war, auf einmal zu unserem Nachbarn geht. Nicht zu jenen, die damals bei seiner Hochzeit waren, die sind schon lange tot, nein, er geht zu dem anderen Nachbarn, mit dem wir uns eigentlich nie besonders gut verstanden haben.

Dessen Frau ist im Jahr zuvor an Krebs gestorben, und mein Papa setzt sich zu ihm und sagt, mein Sohn ist tot. Der Nachbar sagt, ja. Das ist alles. Der Nachbar schenkt ihnen Schnaps ein, sie trinken ein paar Runden, dann geht mein Papa wieder nach Hause.

Es muss ihm entsetzlich schlecht gegangen sein, wenn er es zu Hause nicht mehr ausgehalten hat und er zu dem Menschen gegangen ist, mit dem ihn nichts verbindet außer dem Verlust eines geliebten Menschen.

Nach dem Tod von Till vereinsamt mein Vater immer mehr. Es ist kaum möglich, zu ihm durchzudringen. Er redet nicht über seine Gefühle, er ist entweder abweisend oder macht sarkastische Scherze. Doch dann kommt ein Lichtblick.

15 BURGSPIELE

Saskia, bring mir den Eimer!« »Welche Farbe?« »Blau!« Es ist brütend heiß, in der Luft liegt der Geruch von Farbdämpfen, ich pinsle gemeinsam mit meiner Mama, Arvid und Christoph und vielen anderen Freiwilligen in der prallen Sonne Pflanzenmuster auf ein Bühnenbild. Wir sind in letzter Minute angerückt, am Abend findet die Premiere der Güssinger Burgspiele statt. Mein Vater ist in diesem Jahr hier zum zweiten Mal Regisseur. Ich blicke mich suchend um und sehe ihn am Rand der Bühne stehen, wild gestikulierend mit dem Tonmann.

Die vergangenen Wochen waren sehr schwierig für ihn. Er ist angespannt, und das wundert mich nicht: Er erzählt von Intrigen, Querelen und Wortbrüchen, und er selbst wollte nichts als ein Stück zum Leben zu erwecken. An diesem Abend im Jahr 2006 wird sich zeigen, ob sich das gelohnt hat.

Wir wohnen in unmittelbarerer Nähe zu der Stadt Güssing, deren Burg die älteste des Burgenlandes ist, gebaut im Jahr 1157 und errichtet auf einem erloschenen Vulkankegel. Ich finde sie wunderschön. Sie ist nur notdürftig restauriert, und auf dem Gelände finden Theatervorführungen, Konzerte und Lesungen statt.

Wenn man oben im Kräutergarten steht, kann man über Güssing sehen, über die Fischteiche, die Schulen und Sportplätze; wenn man auf die andere Seite geht, sieht man die umliegenden Dörfer und bei gutem Wetter bis nach Ungarn.

Aber so schön und friedlich es oben auch zu sein scheint, tobt in Wirklichkeit seit Jahren ein politisches Machtspiel um die künstlerische Nutzung des Burghofes. Seit den neunziger Jahren hat der Burgverein dort im Burghof jeden Sommer die Güssinger Burgspiele inszeniert. 1997 verpflichtet der Verein einen bekannten Schauspieler als Regisseur. Im Jahr 2005 will der Burgverein das Stück »Ich, Andreas Baumkircher« aufführen, ein Ritterspiel von Josef Otto Lämmel nach einer Vorlage des Schriftstellers Peter Rosegger. Doch der Regisseur will das Stück nicht, er möchte ein anders. Der Burgverein sagt Nein und sucht sich einen neuen Regisseur. Sie fragen meinen Vater.

Er überlegt, und dann sagt er zu. Zum ersten Mal seit Monaten ist er wieder lebhaft, er stürzt sich voller Begeisterung in seine neue Aufgabe. Er konzentriert sich, wie es seine Art ist, ganz auf die Arbeit. Die erste Aufführung klappt, und der Burgverein verlängert seinen Vertrag. Im Jahr darauf spielt er »Der Verschwender« von Ferdinand Raimund, und er geht mit dem gleichen Enthusiasmus ans Werk.

Nächtelang sitzt er in seinem Zimmer, bastelt eine kleine Modellburg, damit er die Inszenierung besser planen kann, kauft sich ein Flip-Chart, um das Stück dramaturgisch besser einteilen zu können, feilt an Dialogen, Licht und Musik. Wir kriegen das alle hautnah mit – wenn ich in diesen Monaten nach Hause komme, sitze ich stundenlang bei ihm, und dann zeigt er mir mit Begeisterung jede Kleinigkeit, trägt mir die Dialoge vor, erklärt mir jede einzelne Szene bis ins letzte Detail. Es gibt in dieser Zeit kein anderes Gesprächsthema.

Tagsüber probt er unermüdlich mit den Schauspielern, jedes Wort muss sitzen, jede Geste einen Sinn ergeben. Viele von ihnen sagen heute noch, dass sie immer noch auf seine Schulung und Ratschläge zurückgreifen.

Doch in diesem Jahr vertieft sich ein Streit zwischen dem ehemaligen Regisseur und dem Burgverein, in dem es um Subventionen und den Spielort geht. Meinem Vater liegt das nicht. Er hält sich aus allem raus und arbeitet unbeirrt weiter. Doch um den Streit zu schlichten, trifft er sich schließlich mit seinem Vorgänger. Das muss ihm schwer gefallen sein, er, der nie jemanden um etwas bitten wollte, überwindet sich und geht zu ihm. Ich überlege manchmal, ob er damals schon gespürt hat, wie wichtig diese Aufgabe für sein Weiter-Leben ist, wie sehr er eine solche Herausforderung im Leben braucht.

Und das Treffen der beiden verläuft gut, mein Vater kommt vergnügt nach Hause. Meine Mama erzählt mir später, wie sehr er sich darüber gefreut hat, dass sie eine Lösung gefunden haben, so dass sie beide auf der Burg inszenieren können. Doch mein Vater wird schwer enttäuscht: Der vereinbarte Zeitplan wird nicht eingehalten, wieder gibt es ein Hin und Her, und im Endeffekt bleiben meinem Vater nur drei Tage bis zur Premiere, in denen das Bühnenbild fertiggestellt werden kann und die ersten Ton- und Lichtproben abgehalten werden können.

Als Konsequenz sitzen wir am Nachmittag des Premierentages auf der Burg und bemalen das Bühnenbild. Mein Vater beklagt sich nie, obwohl er in den letzten Wochen beinahe rund um die Uhr arbeitet. Die Sache nagt an ihm.

Die Aufführung wird ein Erfolg. Die Besucher sind begeistert, die Medien berichten positiv. Doch trotz dieses Echos kündigt mein Vater seinen Vertrag. Ihn hat das politische Spiel zermürbt. Es geht ihm um die Sache, und er will nicht zurück in diese Welt, in der es nur um Dinge zu gehen scheint, für die er kein Verständnis hat.

16 POPE-STAR

Kurzgeschichte meines Vaters,
geschrieben im Jahr 2007

Regen.

Herbstblätter weit weg.

Asphaltierte Straße.

In naher Ferne ein sakrales Gebäude.

Bunt geputzt.

Nasser Wind weht durch eine große Menschenmenge.

Tausende stehen da.

Plastikhüllen über frierenden Körpern.

Schirme ohne Zahl.

Gedränge.

Halb unterdrückte Feindseligkeiten.

Polizeibeamte quetschen Menschen hinter Absperrungen.

Die Straße muss frei sein!

Für IHN!

Und da! ER kommt näher!

»Das ›Papamobil‹!«, sagt einer, wissensmächtig.

»4000 Kilo«, sagt jemand neben ihm.

»272 PS«, ein anderer, bewundernd.

Langsam fährt die weiße Mercedes-Sonderanfertigung an der
Menge entlang.

»Früher per pedes, heute Mercedes«, sagt einer leise.

Drinnen im gläsernen Kobel sitzend ein vorgebeugter Mann.

Alt und regengeschützt.

Rot gekleidet.

Prunkvoll bestickt mit Gold und Silber.

Krumm.

Menschen bekreuzigen sich.

»Wer ist das?«, fragt jemand, der neben die Menschen in der ersten schirmtropfenden Reihe geglitten ist.

Trotz mancher Ellbogenstöße.

»Warum machen alle das Zeichen der Kreuzigung? Warum trägt dieser Mann das Symbol des Todes vor sich her? Er ist wohl ein mächtiger König?!«

»Sie wissen oba goa nix!«, murrt einer der Nebenstehenden.

»Drängen Sie sich nicht vor«, sagt ein anderer missmutig.

Der Fragende muss husten, weil ihn die giftigen Abgase des ›Papamobils‹ erreicht haben.

Er hebt den Kopf.

»Dieser Mann ist sehr reich, wie ich sehe; Damast und Gold und Rot, Brokat, schwere Stickereien und Seide schmücken ihn. Und viele Diener eilen ihm geduckt zur Seite. All die Stoffe seines Kleides und das Gold müssen ihn schwer drücken!«

»Er trägt die Bürde seines Amtes!«, meint einer.

»Des glaub' i, dass der reich is!«, sagt ein Dritter in der herablassenden Überlegenheit des Wissenden. »Denkt an die Immobilien der römisch-katholischen Kirche in Italien: Ich hab' grad gelesen: 100 000 Grundstücke, 2300 Museen und Bibliotheken, 9000 Schul- und 4712 medizinische Einrichtungen, darunter fast 2000 Krankenhäuser; jährlich kassiert die römisch-katholische Kirche 930 Millionen Euro. Steuerbefreit! Steuerbefreit! Und dazu noch das freiwillige Scherflein der Witwen. Hahaha!«

Der Fragende sieht über die nasse regenbeschirmte Menge hin.

Unter tropfenden Plastikhauben begeisterte Gesichter.

»Ihr liebt diesen Mann mit den bösen Augen?«, fragt er.

»Red'n'S net so dumm!«, sagt der links neben ihm. »Was heißt ›lieben‹? Des is der Papst! Der ist ein Super-Star!«

»Der Pop-Star unseres christlichen Glaubens!«, sagt ein blondes Mädchen ernst.

»Nur DER weiß genau, was wir glauben müssen! Und er sagt es uns auch.«

Eine dicke Frau von hinten: »Den Protestierern, den Lutherischen hat er's eh grad eineg'sagt, dass sie keine Kirche sind!«

»Recht hat er!«, ruft ein anderer. »Ketzer alle miteinander! Nur unser Papst ist die Heiligkeit persönlich! Unfehlbar ist er! Er allein hat die Wahrheit – unser heiliger Vater!«

»Er ist Gott?«, interessiert sich der Fragende.

»Naa, des net«, kommt die Antwort; nach kurzem Überlegen. Kurz nur, denn der rot-golden, weiß und prächtig geschmückte Mann, von dem hier die Rede ist, winkt von einem Podium aus weihräuchig in die Menge.

Mit weicher Stimme spricht er aus den Lautsprechern über Gott.

Regentropfige Stille in der Menge.

Währenddessen:

In mit billigen Planen überdachten Marktständen werden kleine, meist blau-rosa-farbene Plastik-Abbildungen nach Preiskategorie geordnet:

Sehr himmelwärts starrende Marias,

sehr blutende Herzen,

sehr rosige Jesus-Kindlein,

sehr, sehr viele gekreuzigte Christusse, blutend oder sauber, klein oder groß, auch mit echten Nägeln auf echtem Holz! Oder ganz groß mit Sockel und 230-V-Anschluss. Für den Fernsehabend. Dann leuchtet Christus über dem Musikanten-Stadl. Stört aber nicht.

Außerdem:

Sehr bauchige Schnapsflaschen mit Maria-Bildchen und Bierkrüge mit dem Bild des römisch-katholischen-bayrischen Idols.

»Jetzt geben's acht! Gleich segnet er uns!«

»Segen kann nur vom Vater im Himmel kommen«, sagt der Fragende.

»Bledsinn, vom Papst kommt der Segen. ER is ja der Stellvertreter Gottes auf Erden! Also kann er uns segnen. Kapiert?«

»Warum eigentlich trägt er dieses Kreuz auf der Brust, prachtvolle Kreuze an seiner Kleidung und einen Stab mit einem Gekreuzigten in seiner linken Faust?«

»Na, Sie san vielleicht bleed. Des is dem Papst sein Logo! Wie des ›M‹ von McDonalds!«

»Ach so«, sagt Jesus.

17 GLAUBE

Und, wer will denn der Erste sein?« Der Pfarrer lächelt freundlich. Till, Arvid und ich versuchen uns gegenseitig nach vorne zu schieben, es gibt ein geschwisterliches Gerangel vor dem Taufbecken. »Na, wer will?« Niemand, irgendwie, und dann melde ich mich schließlich, eher aus Pflichtbewusstsein. Till, Arvid und ich werden alle gemeinsam getauft, und ich erinnere mich ziemlich gut daran, aber das ist kein Wunder, ich bin zu dem Zeitpunkt schon neun Jahre alt. Till ist zwölf, und Arvid ist sechs.

Meine Mama näht uns hübsche Taufgewänder, und ich erinnere mich an die dicht gedrängten Menschen auf den Bänken, die alle die erste Dreier-Taufe in der Gemeinde sehen wollen.

Als mein Vater fünfzig Jahre alt ist, entdeckt er die Religion. Bis dahin Atheist, studiert er plötzlich evangelische Theologie und wird Lektor. Als solcher kann er in der evangelischen Kirche predigen und Gottesdienste leiten. Und er lässt seine Kinder taufen. Er hat vorher lange mit mir darüber geredet, was passieren wird. Mit jedem von uns. Es ist ihm wichtig, dass wir Kinder wissen, warum sich meine Eltern dazu entschieden haben, uns taufen zu lassen. Es ist für sie kein bloßes Ritual, das bei Neugeborenen üblich ist. Die Kinder sollen schon selbständig denken können und verstehen, was bei einer Taufe geschieht. Ich empfinde den Unterschied heute allerdings als marginal, denn ich kann mich zwar gut an meine Taufe erinnern, hätte aber auch kein Einspruchsrecht dagegen gehabt.

Der Gottesdienst wird jedenfalls zu einem der am besten besuchten im ganzen Jahr, und ab da sind wir aktive Mitglieder der Kirchengemeinde. Zuvor hatten meine Lehrer schon mehrmals mit meinen Eltern geredet, ob sie mich denn nicht taufen lassen wollen, dann würde ich in der Schule vielleicht mehr dazugehören, mit den anderen Kindern enger verbunden durch die Erstkommunion und die gemeinsamen Religionsunterrichtsstunden. Mein Vater sagt, wenn schon taufen, dann nur evangelisch, und so passiert es auch, und ab da bin ich also die einzige Evangelische in meiner Klasse.

Mein Vater nimmt das mit der Religion nicht auf die leichte Schulter. Er vertieft sich immer mehr in sie. Er ist nicht nur Teil der Glaubensgemeinschaft und geht ab und zu in die Kirche, sondern er studiert die Bibel und ihre Auslegungen, er will ihr auf den Grund gehen, so wie er das bei allem machen muss. Er ist bewusst evangelisch, die katholische Kirche ist ihm ein Gräuel. Das beginnt schon beim Papst und damit, dass er als angeblicher »Stellvertreter Christi auf Erden« gilt. Dafür gebe es in der Bibel keine akzeptable Stelle, sagt mein Vater. Gleichzeitig wird dem Papst Unfehlbarkeit zugeschrieben, und wie solle das gehen, wo er doch ein Mensch ist wie jeder andere?

Außerdem wettert er gegen die Verlogenheit vieler katholischer Pfarrer, die einerseits auf dem Zölibat bestehen, aber dennoch Kinder zeugen und in eheähnlichen Partnerschaften leben. Die Dörfer sind voll von Pfarrern mit »Haushälterinnen«, von denen jeder weiß, dass sie eigentlich deren Frauen sind. Dabei stören ihn weder die Kinder noch der Sex, was ihn stört, ist, dass diese Pfarrer über andere richten und dass sie predigen, was sie nicht leben, und dass sie etwa die Sakramente denjenigen verweigern, die geschieden und wiederverheiratet sind.

Ihm ist zuwider, dass die Kirche Bescheidenheit und Demut predigt und gleichzeitig in Prunk und Protzerei lebt. Es stört ihn das Götzentum, das der Geschäftemacherei dient und seiner Meinung nach die Aufmerksamkeit von der Lehre nimmt. Es gibt endlose Abende und Tage, an denen wir darüber diskutieren, jeder Artikel im »Spiegel« oder der »Zeit« heizt die Debatte wieder an.

Das liebste Evangelium meines Vaters ist das von Johannes, wir müssen es alle mehr als einmal lesen, und da gibt es das Kapitel »Die Tempelreinigung«, wir reden oft darüber. Kurz gefasst: Händler und Geldwechsler sitzen im Tempel in Jerusalem und gehen dort ihren Geschäften nach, und Jesus kommt und vertreibt sie. Er wirft wütend Tische um, er verstreut das Geld, und er ruft: »Macht meines Vaters Haus nicht zum Kaufhaus!« Der Tempel soll ausschließlich dem Gottesdienst vorbehalten sein.

Meinem Vater ist das wichtig, weil die Rückbesinnung auf die Substanz des Christentums einer der wesentlichen Gründe für die Reformation ist – zu einer Zeit, als die katholische Kirche hemmungslos ausschweifend und dekadent war. Für uns wird das Lesen der Bibel ziemlich schnell uninteressant, und um uns bei der Stange zu halten, versucht es mein Vater mit dem Musical »Jesus Christ Superstar« von Andrew Lloyd Webber, wo er uns die Szene der Tempelreinigung mit vergleichbarer Begeisterung zeigt.

Ähnlich entzückt hat ihn nur noch das Verbrennen der päpstlichen Bulle durch Martin Luther. Im Mai 1520 erlässt Papst Leo X. die Bannandrohungsbulle »Exsurge Domine« als Antwort auf Luthers 95 Thesen: Er hat sechzig Tage Zeit, um einundvierzig seiner Thesen zurückzunehmen, andernfalls droht ihm der Ausschluss aus der katholischen Kirche. Kurz vor Ablauf der Frist verbrennt Luther die Bulle öffentlich – als Reaktion darauf, dass der Vatikan seine eigenen Schriften ebenfalls verbrannt hat.

Daraufhin stellt ihm der Papst die Bannbulle »Decet Romanum Pontificem« zu, und in weiterer Folge agiert der Kaiser wie damals üblich als verlängerter Arm der Kirche und verhängt im Mai 1521 die sogenannte »Vogelfreiheit« über Luther. Dass diese Strafe von der katholischen Kirche bis heute nicht zurückgenommen wurde, hat meinen Vater bis zuletzt verärgert. Und nicht nur ihn. In Hinblick auf das Jahr 2017, in dem sich Luthers Thesenanschlag zum fünfhundertsten Mal jährt, drängt die evangelische Kirche immer entschiedener auf eine Rücknahme von Luthers Exkommunikation.

Ich erinnere mich, dass meinen Vater am meisten die Vormachtstellung der Pfarrer stört, dass sie als Vermittler zwischen Gott und dem Menschen gelten. Das beginnt bei ihm bei den Beichten, wo nach dem Glauben der katholischen Kirche die Pfarrer die Macht haben, jemandem im Namen Gottes zu vergeben. Die Evangelischen glauben, dass der einzige, der einem vergeben kann, Gott selbst ist, und dass es keinen Mittelsmann braucht – weshalb es hier auch keine verpflichtende Ohrenbeichte gibt.

Lukas Cranach der Ältere, der berühmte Maler der Reformation und Trauzeuge Luthers, hat ein Bild gemalt, das uns mein Vater zur Bekräftigung seiner Worte einmal gezeigt hat: In der Mitte des Bildes steht der gekreuzigte Jesus, auf der einen Seite die Gläubigen, auf der anderen der Prediger. Alle Augen sind auf Jesus gerichtet: Die Betenden schauen nicht zum Prediger, denn er ist es nicht, um den es geht, sondern Jesus ist es und mit ihm Gott.

Pfarrer können Hilfestellung geben, und sie sollen das Evangelium verlesen und die Sakramente bewahren, aber sie können Menschen nicht vergeben und sie können nicht Gott vertreten, indem sie einen Kult um ihn aufbauen – so sieht das mein Vater, und in seinem Glauben und seinen Worten kann er sehr heftig sein.

Die Menschen mögen seine Predigten, weil er das Wort Gottes konkret macht und weil er deutlich ist und eine gute Sprache hat. Aber er selbst ringt oft um seinen Glauben. Einmal sagt er aufgebracht zu meiner Mutter: »Wie kann ich nur so um meinen Glauben kämpfen müssen und du? Du glaubst einfach nur!«

Mein Vater ist in unserer Gemeinde Lektor, er unterstützt so den Pfarrer, indem er ihm Gottesdienste abnimmt und ihn wenn nötig vertritt, und er und der dortige Pfarrer sind sehr gute Freunde. Sie diskutieren oft über Auslegungen einzelner

Bibelstellen, mein Vater ist dabei radikaler, der Pfarrer eher bedächtiger. Sie ergänzen einander gut, sie lachen viel miteinander, sie haben einen ähnlichen Humor, und sie schätzen einander sehr. Die Offenheit und Vertrautheit bei den Diskussionen und den fröhlichen Zwiegesprächen hätte er sich im Nachhinein auch bei den schweren und bedrückenden Themen gewünscht, sagt der Pfarrer heute, und ich weiß, was er meint, und doch weiß ich, dass mein Vater so eben nicht war. Sich in die Seele blicken zu lassen und ganz verletzlich und offen zu zeigen war ihm vielleicht nicht möglich.

Er habe sich aber nie Sorgen gemacht, dass mein Vater, der in seinem Glauben zeitweise hin- und hergerissen war, an Gott zweifelt, sagt der Pfarrer. Er erinnert an die Rede Jesus' vom guten Hirten, und ich muss lachen, weil mein Vater die Luther-Übersetzung liebt, und ich die Stelle nur zu gut kenne.

Sie lautet:

Meine Schafe hören meine Stimme, und ich kenne sie und sie folgen mir; und ich gebe ihnen das ewige Leben, und sie werden nimmermehr umkommen, und niemand wird sie aus meiner Hand reißen. Mein Vater, der sie mir gegeben hat, ist größer als alles, und niemand kann sie aus des Vaters Hand reißen. Ich und der Vater sind eins. (Johannes 10, 27–30)

Wie sehr er also auch mit seinem Glauben hadert, Gott lässt ihn nicht aus seiner Hand. Vielleicht hat mein Vater daran geglaubt.

Denn er kann das Alte Testament und das Neue Testament nur schwer unter einen Hut bringen. Wie kann es derselbe Gott sein, der einmal so rachsüchtig und zornig ist und auf der anderen Seite so vergebend und gut? Er will an den guten Gott glauben, den verzeihenden, und ich weiß nicht, ob es etwas damit zu tun hatte, dass er wusste, wie er sterben wird und ob Gott ihm dann verzeiht.

In der katholischen Kirche ist der Suizid eine Sünde. Im zweiten Vatikanischen Konzil legt die Kirche im Dezember 1965 in der Pastoralen Konstitution »Gaudium et spes« unter Kapitel 27 fest:

»Was ferner zum Leben selbst in Gegensatz steht, wie jede Art Mord, Völkermord, Abtreibung, Euthanasie und auch der freiwillige Selbstmord; (…) all diese und andere ähnliche Taten sind an sich schon eine Schande; sie sind eine Zersetzung der menschlichen Kultur, entwürdigen weit mehr jene, die das Unrecht tun, als jene, die es erleiden. Zugleich sind sie in höchstem Maße ein Widerspruch gegen die Ehre des Schöpfers.«

Die Kirche sagt: Gott hat das Leben gegeben, nur Gott darf das Leben auch wieder beenden. Suizid ist das Handeln wider Gott. Eine Todsünde.

Eine Ansicht, die von der katholischen Kirche so auch heute noch vertreten wird. In ihrem Katechismus aus dem Jahr 1993 steht im Absatz »Selbstmord« unter anderem: »Gott ist und bleibt der höchste Herr des Lebens. Wir sind verpflichtet, es dankbar entgegenzunehmen und es zu seiner Ehre und zum Heil unserer Seele zu bewahren. Wir sind nur Verwalter, nicht Eigentümer des Lebens (…). Der Selbstmord (…) ist eine schwere Verfehlung gegen die rechte Eigenliebe. Selbstmord verstößt auch gegen die Nächstenliebe, denn er zerreißt zu Unrecht die Bande der Solidarität mit der Familie, der Nation und der Menschheit, denen wir immer verpflichtet sind.«

Bei uns im Dorf gibt es bis zum Ende der achtziger Jahre für Selbstmörder kein kirchliches Begräbnis – offiziell hebt Papst Johannes Paul II. das Verbot, einen Selbstmörder kirchlich zu bestatten, erst 1983 auf, als er den »Codex Iuris Canonici« öffentlich verkündet – und auch hier steht das nur zwischen den Zeilen, indem der Suizid bei Canon 1184 einfach nicht mehr explizit genannt wird. Nach fast 1500 Jahren kirchlicher Tradition besinnt sich die Kirche darauf, dass ein solches Begräbnis ja auch etwas für die Angehörigen ist, die dadurch vielleicht ein wenig Trost finden können.

Bis weit ins 19. Jahrhundert dürfen die Leichen von Selbstmördern mit Segen der Kirche geschändet werden, so ist es üblich, ihnen die Hand abzuschlagen, mit der sie sich getötet haben, sie am Galgen aufzuhängen, ihnen Kopf oder Brust mit einem Pfahl zu durchbohren oder sie von einem Pferd nachschleifen zu lassen. Der Teufel, der sie befallen hatte, sollte so vertrieben werden.

Ihre Leichen werden irgendwo verscharrt, meist am Rande eines Friedhofs – Hauptsache, sie liegen nicht in geweihter Erde. Es ist kein Wunder, dass diese Ächtung vor allem auf dem Land dazu geführt hat, dass sich Angehörige immer noch viel zu oft für den Suizid eines Verwandten schämen.

In dem Film »Luther« von Regisseur Eric Till, der 2003 erscheint, erhängt sich der Zimmermannssohn Thomas. Martin Luther hebt für ihn eigenhändig das Grab auf dem kirchlichen Friedhof aus, und er sagt zu den Leuten, die sich an das Tor drängen:

»Some people say that according to God's justice, this boy is damned, because he took his life.

I say it was overcome by the devil. Is this child any more to blame for the despair that overtook him than an innocent man who is murdered by a robber in the woods?

God must be mercy.

God is mercy.«

Die Szene ist historisch nicht belegt, sie ist aber angelehnt an das evangelische Gottesverständnis. Deshalb nimmt es die evangelische Kirche gerne her, als Beleg für die Wandlung des Reformators und damit für den neuen Gottesglauben: Gott ist nicht mehr der Gott des Zornes, den man fürchten muss, sondern er ist ein barmherziger Gott, der die Menschen schützt. Die Menschen müssen den Anfechtungen des Teufels nicht widerstehen, um Gottes Liebe zu verdienen, weil Jesus Christus ihnen schon widerstanden hat. Luther beruft sich dabei auf den Römerbrief.

Einmal frage ich unseren Pfarrer, ob es schwierig für ihn war, die Predigt auf der Beerdigung zu halten. Ja, sagt er, weil mein Vater ein Freund war und weil da immer die Sorge war, ob ihm nicht auf einmal die Stimme wegbricht. Nein, sagt er, weil Gott keinen Unterschied macht, weil er gerade für diejenigen da ist, die mit ihrem Leben hadern und schließlich nicht mehr leben können oder mögen.

Er sagt: »Es ist wie im Lukas-Evangelium. Jesus wird neben den beiden Schächern gekreuzigt. Demjenigen, der bereut, sagt er: ›Wahrlich, ich sage dir: Heute wirst du mit mir im Paradies sein.‹« Damit verspreche er einen verzeihenden und gütigen Gott, und wer unter den Menschen könne und dürfe es sich dann anmaßen, hier Gottes Liebe in Frage zu stellen?

Gott urteile also nicht darüber, wie jemand zu ihm kommt. Er ist ein verzeihender und gütiger Gott, und er nimmt jeden auf, der zu ihm kommt. Mein Vater war ein gläubiger Mensch, und ich hoffe, dass er zum Schluss an einen liebenden Gott geglaubt hat.

18 PLATZ

Wenige Tage nach dem Tod meines Vaters wache ich in meinem Bett im Burgenland auf. Mein Fenster ist einen Spalt weit geöffnet, Sonne scheint hinein, ich höre Vögel zwitschern. Es riecht jetzt schon nach dem heißen Sommertag, der kommen wird.

Auf einmal kriege ich keine Luft mehr.

Es schnürt mir den Hals zu, in meinen Ohren rauscht es.

Alles tut mir weh.

Ich greife nach meinem Handy und renne damit nach draußen. Mein Auto steht auf dem gekiesten Parkplatz vor dem Haus. Ich kauere mich vor den Vorderreifen und wähle die Nummer von Renate. Ich weiß nicht, was ich getan hätte, wenn sie nicht abgehoben hätte.

Renate ist schon meine Freundin, als wir noch nicht einmal auf der Welt sind. Unsere Mütter sind miteinander befreundet und gemeinsam mit uns schwanger. Ich kenne sie seit über dreißig Jahren, und manchmal denke ich, sie kennt mich besser als ich mich selbst. Es ist etwas Besonderes, dass wir einander nie aus den Augen verloren haben, selbst wenn unsere Beziehung manchmal enger und manchmal lockerer war. Sie kennt jeden in meiner Familie so gut, als wäre es ihre eigene, und als ich meinen Vater verliere, verliert auch sie einen Menschen aus ihrem Leben.

Sie ist damals der einzige Mensch, den ich in einem solchen Moment anrufen kann. Vor mir sehe ich heute noch den sonnigen Weg, links und rechts gerahmt von saftigen grünen Bäumen. Mit meiner linken Hand grabe ich in den Kieselsteinen, ich scheuere sie auf, bis ich an den Knöcheln zu bluten anfange, aber ich bemerke es gar nicht.

Ich bin furchtbar verzweifelt. Ich kann nicht aufhören zu weinen, gleichzeitig kriege ich keine Luft mehr. In meiner Brust tut es fürchterlich weh, da ist ein Ziehen, ein Stechen, ein grauenvolles Gefühl der Enge. Wenn ich vorher dachte, ein Herz könne nicht einfach so schmerzen, weiß ich jetzt, es kann. Und wenn ich jetzt wo lese, jemandes Herz ist gebrochen, weiß ich jetzt, das geht.

Immer wieder muss ich panisch nach Luft schnappen.

Ich sehe nur Aussichtslosigkeit. Vor mir scheint sich ein unbezwingbarer Berg immer höher aufzutürmen. Das eine ist die Trauer, damit kann ich umgehen. Das andere ist eine höllische Angst. Ich glaube nicht, dass ich je wieder in mein Leben zurückkehren kann ohne diese Angst. Die Vorstellung, wieder in einem Büro zu sitzen oder allein in meiner Wohnung, erscheint mir unmöglich.

Es ist keine Angst vor etwas Greifbarem, es ist nackte Todesangst. Ich kann sie nicht an etwas festmachen. Wenn ich andenke, dass ich mein Leben weiterzuleben habe, kriege ich eine solche Panik, dass ich kaum Luft holen kann.

Wie soll ich mit dem Wissen um das, was geschehen ist,

weiterleben? Mein Papa wird immer tot sein, von jetzt an bis zu dem Moment, in dem ich sterbe, also wie soll das gut werden? Es gibt keine Hoffnung. Ich will kein Leben haben, in dem ich nicht genau weiß, warum mein Vater tot ist. Ich will überhaupt kein Leben haben, in dem er nicht mehr da ist.

Ich fühle mich wie eine Gefangene, die nirgendwohin kann. Ich kann nicht vor mir selbst flüchten und vor den Stimmen in meinem Kopf und den Gefühlen in meinem Bauch und meiner Brust, von denen mir so schlecht wird, so dass ich mich nur noch winde. Es gibt keine Möglichkeit, diesem Schmerz zu entkommen. In mir ist nicht nur Trauer, in mir ist reinstes Gefühlschaos. Ich bin zu Tode erschrocken, wütend, irritiert, aufgelöst – als hätte mir jemand den Boden unter den Füßen weggezogen.

Renate versucht mich zu beruhigen, sie ist auch verzweifelt und hilflos. Sie ist ein Teil meiner Familie, oft haben wir über meinen Vater Witze gemacht. Wenn er mit mir über seinen Tod geredet hat, dann habe ich mit ihr manchmal hinterher darüber geblödelt. Darüber, dass er uns doch ohnehin alle überleben und dann gekränkt sein wird, weil ihn alle alleingelassen haben und ihm niemand mehr zuhört. Hatte ich ihn da längst alleingelassen?

Renate sagt heute, es war die Hilflosigkeit, mit der sie am schwersten umgehen konnte. Da zu sein und doch nicht da sein zu können. Noch Jahre später sind da Abende, an denen der Tod meines Vaters das bestimmende Thema ist. An denen wir immer noch weinen.

Das erste Mal darüber lachen tun wir etwa zwei Jahre nach seinem Tod. Wir sitzen auf der Couch in meiner Wohnung, jede ein Weinglas in der Hand, und auf einmal sehen wir einander an und sagen: Wahnsinn, er hat es wirklich getan. Er hat sich wirklich erschossen. Das ist doch einfach unglaublich. Und dann müssen wir lachen, weil es in manchen Momenten selbst Jahre später noch so dermaßen absurd scheint, dass er sich wirklich getötet hat. Es gibt neben meiner Familie niemanden, mit dem ich sonst darüber lachen könnte. Weil es nicht witzig ist. Weil das Lachen manchmal trotzdem das einzige ist, was einem bleibt.

Und selbst heute erscheint mir sein Tod noch so oft so unvorstellbar. Manchmal will ich glauben, dass er getarnt durch ein geniales Manöver nur abgehauen ist und irgendwo in der Sonne sitzt, eine hübsche Frau auf dem Schoß, ein Bier in der Hand und eine ganze Schar Kinder vor sich, die ihm zuhören. Und irgendwann wird er überraschend bei mir auftauchen, und ich könnte ihm all das zeigen und sagen, das ich ihm jetzt nicht zeigen und sagen kann.

Als Till gestorben ist, war ich vor allem traurig und verzweifelt. Die Gefühle nach dem Tod meines Vaters kann ich gar nicht mehr alle benennen. Da ist Angst, auch Zweifel, Schuld, Trauer, Sehnsucht, Verwirrung und über allem das Gefühl, furchtbar vor den Kopf gestoßen worden zu sein.

Ich weiß gar nicht, wo ich anfangen soll, überall, wo ich mich in meinem Inneren vortaste, ist ein Trümmerfeld.

Immer wenn der Schmerz so groß wird, dass ich mir sicher bin, ich kann keine weitere Minute überstehen, dann: lässt er ein wenig nach. Als ich da wie ein Häufchen Elend an meinem

Reifen kauere, die linke Hand schon ganz blutig, nach Luft schnappend und mit dem Gefühl, dass es mir gleich den Brustkorb zerquetscht, wird es auf einmal besser. Die Verzweiflung lässt nach. Als hätte sie jemand in Watte gepackt. Ich weiß schon, dass sie noch da ist, denn ich kann sie lauernd und wartend in mir spüren, aber irgendetwas dämpft sie.

Bis heute bin ich voller Bewunderung dafür, was der Körper leisten kann, um einen zu beschützen.

Der Selbstschutz, der sich einschaltet, wenn er bemerkt, dass es nicht mehr weitergeht. Adrenalin, das ausgeschüttet wird und mich für kurze Zeit zumindest ein wenig beruhigt und den Schmerz auf ein solches Maß zurückschraubt, dass ich wieder funktionieren kann – bis ich so weit bin und den Schmerz ein Stück mehr zulassen kann, und er erneut aufkommt und mich wieder aus der Bahn wirft.

Zwei Tage nach meinem Zusammenbruch sitze ich an einem sonnigen Platz in einer unserer Nachbarortschaften. Da steht eine kleine Kirche ein wenig erhöht auf einem Hügel, sie ist sonnenblumengelb, und davor liegt eine Wiese, und es gibt ein paar Blumenbeete, und ein wenig entfernt steht noch eine Telefonzelle.

Ich sitze auf der Wiese, und das mache ich seit diesem Jahr, in dem mein Vater starb, jeden Juli. Vor mir ist die Straße, und gegenüber der Straße steht die Volksschule. Im Juli sind Sommerferien, also sind da keine Schüler. Aber auch sonst ist es immer ziemlich ausgestorben. Es riecht nach Sonne und Sommer und nach frisch gemähtem Gras, und es ist heiß und ab und zu hört man etwas summen. Hin und wieder fährt ein Traktor vorüber, wie auf dem Land üblich grüßen der Fahrer und ich einander immer, so wie ich auch jeden Autofahrer grüße, und zum Glück sind das pro Stunde nur etwa zwei.

Das Besondere ist die Musik.

In dieser Woche im Jahr kommt aus der Kirche, der Volksschule und dem Gasthaus Musik. Es ist alte Musik aus der Zeit des 16. Jahrhunderts. Es braucht dazu Gamben und Flöten, Cembalos und Geigen, die Musiker spielen Stücke von Claudio Monteverdi, Orlando Gibbons oder Girolamo Frescobaldi, oft wird auch in Chören dazu gesungen.

Meine Mama spielt Gambe.

Sie organisiert diese Musikseminare, und an dem Tag, an dem mein Vater stirbt, beginnt gerade eines.

Meine Mama genießt diese eine Woche im Jahr immer, wenn die etwa dreißig Musiker aus ganz Europa kommen. Sie sehen nicht aus wie typische Burgenländer, nicht einmal wie typische Wiener oder überhaupt wie typische Menschen. Sie tragen lange Kleider, ein wenig erinnert es an ein mittelalterliches Bühnenspiel. Sie führen in dieser Woche in den Kirchen der Umgebung Konzerte auf, und meistens sitzen die Teilnehmer abends noch zusammen an Lagerfeuern, sie trinken Wein und improvisieren mit der Geige.

Nach dem Tod meines Vaters bricht meine Mama den Kurs nicht ab, sondern lässt ihn trotzdem stattfinden. Dafür bin ich sehr dankbar. In dieser einen Woche verändert sich mein Leben für immer, und dieser Musikkurs trägt mit dazu bei, dass es neben dem Schrecken für mich auch Hoffnung gibt.

Denn viele Menschen fangen uns in dieser schweren Zeit auf, sie weinen mit uns und bringen uns zum Lachen. Wir sind auf den Konzerten, sitzen als Familie in einer Reihe und halten uns an der Hand und geben einander Halt. Wir sind am Abend mit bei den Lagerfeuern und trinken Wein, und am nächsten Tag reden wir mit dem Leichenbestatter.

Also sitze ich einmal im Jahr auf der Wiese vor der Kirche und höre die Musik und erinnere mich an die Angst, die ich hatte. Aber auch an die Kraft, mit der ich sie überwunden habe, und irgendwie sehe ich von diesem Platz meine Vergangenheit und meine Zukunft. Es hilft mir, ein paar fixe Punkte wie diesen in meinem Leben einzubauen. Es bringt ein wenig Ordnung in dieses wahnsinnige Chaos.

19 MUSIK

In meiner Wohnung hängt eine Gitarre, sie ist alt und schwarz und hat ein weißes Schlagblatt und darauf steht: »For Rockie Jackson, the best of Luck for the Future! Sincerely yours, Elvis Presley«.

Rockie Jackson ist der Künstlername meines Vaters, er nennt sich Rockie in Anlehnung an Rock'n'Roll und Jackson nach der großen US-amerikanischen Gospelsängerin Mahalia Jackson. Als er zwanzig Jahre alt ist, schickt der begeisterte Elvis-Fan und Rock'n'Roll- und Hillbilly-Sänger ein Demoband an das Management von Elvis Presley, und tatsächlich kriegt er auch eine Antwort: Elvis trifft sich mit dem Jugendlichen während seines Militärdienstes im deutschen Bad Nauheim.

Mein Vater erzählt uns später, sie hätten Pudding gegessen, den ihm seine Oma mitgegeben hat, und dann gemeinsam Musik gemacht. Zum Abschied unterschreibt Elvis auf seiner Gitarre. Mittlerweile hängt sie in meiner Wohnung, und ich kann darauf nicht spielen, die Saiten sind mir viel zu hart gespannt, die Hornhaut meines Vaters auf seinen Fingerkuppen hat er sich über die Jahrzehnte redlich erarbeitet.

Es gibt eine Konstante im Leben meines Vaters, und das ist

die Musik. Als er ein Teenager ist, kommt in den USA der Rockabilly auf, diese Spielart des Rock'n'Roll, bei der hauptsächlich weiße Musiker den schwarzen Rythm&Blues auf ihre Weise interpretieren und für ihre Instrumente adaptieren.

Die Welle schwappt erst spät nach Europa, mein Vater hört das erste Mal diese neue Musik während der Besatzungszeit bei amerikanischen Soldaten. Er ist begeistert. Bill Haley, Gene Vincent, Little Richard – sie werden zu seinen Vorbildern. Er bastelt sich ein eigenes Radio, damit er auch abends zu Hause, versteckt unter der Decke, die Musik hören kann, die nun seine ist.

Er muss das heimlich tun, seine Eltern lehnen diese Art von Musik ab. Ich glaube, für den eigenwilligen Sechzehnjährigen ist das damals nur ein weiterer Anlass, die Musik so sehr zu lieben. Elvis Presley wird zu einem seiner Idole, in der Maturazeitung nennen ihn die Mitschüler »Reserve-Presley«.

Oft stiehlt er sich abends heimlich davon, um Auftritte zu geben und dann wieder nach Hause zu rennen. Einmal klaut er einen Kontrabass, weil die Band keinen hat, und bringt ihn nach dem Konzert wieder zurück – alles geht gut, und niemand kommt dahinter, erzählt er meinem kleinen Bruder Arvid Jahrzehnte später noch verschmitzt lachend.

Nach seinem Abitur zieht mein Vater von zu Hause aus, obwohl er in Wien bleibt. Das ist damals nicht so üblich, viele bleiben weiter bei den Eltern wohnen, weil es billiger ist. Aber mein Vater zieht mit seiner damaligen Freundin zusammen, einer Autorin. Beide schreiben, mein Vater versucht sich damals an seinem ersten Roman, und er entdeckt eine weitere Liebe seines Lebens: Frauen.

Mein Vater liebt Frauen. Er mag sie weiblich, also mit weiblichen Rundungen, eher ein bisschen mollig und mit langen Haaren.

Er macht aus dieser Leidenschaft kein Hehl, und für uns Kinder ist das eher unerfreulich, wer will seinen Vater schon als sexuelles Wesen wahrnehmen? Er schreibt eine Menge Kurzgeschichten über Frauen, manche kann man ruhig pornografisch nennen. Bei meinen Recherchen über ihn lese ich in manche hinein, lege sie schnell weg, sobald ich erkenne, in welche Richtung die Erzählung geht, und wünsche mir heute, ich hätte niemals einen Blick darauf geworfen. Ich vermute, die Texte sind nicht übel, aber als Tochter will man so etwas wirklich nicht beurteilen.

Jedenfalls hat mein Vater eine Menge Freundinnen. Als er später Regisseur ist und viel herumreist, hat er in den meisten Städten, in denen er verbleibt, einen sicheren Schlafplatz. Es gibt eine Menge Lieder, die er für bestimmte Frauen geschrieben hat, und dann gibt es einen Haufen, die er für meine Mutter geschrieben hat.

Das Gitarre spielen bringt er sich autodidaktisch bei, er spielt ausgezeichnet, aber er kann bis zum Schluss keine Noten lesen, und wenn er versucht danach zu spielen, klingt das Lied meistens abscheulich und eben überhaupt nicht, wie es sein sollte.

Während seines Militärdienstes lernt er andere Musiker kennen und knüpft ein wenig Kontakte zur österreichischen Musikszene. Er spielt überall, lange Zeit als Straßenmusiker und verdient so ein wenig Geld, dann in Lokalen und bei Veranstaltungen. Ab den späten fünfziger Jahren beginnt er, Konzerte als Hillbilly-Sänger und Presley-Imitator zu geben. Er hat eine sehr schöne Stimme, sie ist deutlich, ausdrucksstark und sehr tief, eine Mischung aus Johnny Cash und Elvis Presley. Als wir noch klein sind, witzeln wir oft, dass der tiefste Ton von uns Kindern sein höchster zu erreichender ist.

Nach einer der Veranstaltungen fragt ihn jemand vom Schweizer »Elite Special-Label«, ob er denn bei ihnen Platten aufnehmen wolle. »No na« antwortet mein Vater und produziert eine Reihe von sogenannten Nachzieher-Platten, Coverversionen, in einem Tonstudio im Wiener Konzerthaus.

Mit dem Geld, das er für die Handvoll radiotauglicher Tanz-Schlager kassiert, finanziert er sein Publizistik-Studium, doch künstlerisch will er etwas anderes machen – seine Lieblingslieder in der Originalversion singen.

Die Anfänge der Rock- und Pop-Musik passieren in Österreich jedoch nur sehr zögerlich. Ohne radiotaugliches Material und mit amateurhaftem Sound ist die Chance, eine bezahlte Plattenaufnahme zu bekommen, mehr als gering. Denn im Radio werden fast ausschließlich deutschsprachige Schlager mit opulenter Orchesterinszenierung gespielt.

Der gehobene Schlager ist der Verkaufshit, Plattenfirmen bestehen meist darauf, dass ausschließlich imitiert und parodiert wird. Elvis Presley etwa, damals in den USA bereits ein Superstar, verkauft im deutschen Raum zu Beginn seiner Karriere gerade einmal 10 000 Stück einer seiner ersten Singles. Peter Kraus, der aus dieser Single eine weichgespülte und eingedeutschte Version macht, setzt hingegen fast eine Million Exemplare ab.

Doch mein Vater will Rock machen, härtere Sachen spielen,

und er will keine Schmuselieder auf Deutsch aufnehmen. Das durchzusetzen ist schwierig. Er bestürmt seine Auftraggeber, und schlussendlich sagen sie ja, aber nur ohne bezahlte Studiomusiker, dafür gibt es kein Geld. In einer einzigen Aufnahmesitzung am 28. Juni 1960 nimmt mein Vater acht US-Originale auf, die auf zwei Platten erscheinen.

Die Plattenfirma druckt anschließend großspurig »Rockie Jackson und sein Orchester« darauf – und darüber amüsiert sich mein Vater später noch, bestehen die Aufnahmen doch nur aus ihm und seiner Gitarre. Die Platten gibt es zunächst bei »Donauland«, einem österreichischen Schallplatten- und Buchverlag, und ein Jahr später werden sie von »Elite Special« neu veröffentlicht.

Ein paar Jahre nach seinem Tod suche ich seine Lieder im Internet, ich finde einiges und lade alles herunter, was geht. Was er in seinen Zwanzigern aufgenommen hat, ist mir nicht sehr geläufig, ich kenne eher seine neueren Sachen, die Musik, die er zu Hause gemacht und gespielt hat.

Als ich seine Stimme nach so langer Zeit zum ersten Mal höre, kommen mir die Tränen. Ich erkenne die Stimme gar nicht so bewusst, aber instinktiv ist sie mir vertraut. Ich muss eine Pause machen. Doch Tage später traue ich mich erneut und höre mir die Lieder noch einmal an, und dann mit Kopfhörern, immer wenn ich unterwegs bin. Es gibt mir ein ganz komisches Gefühl von Sicherheit – als wäre er auf einmal wieder bei mir. Es steigert aber auch meine Sehnsucht nach ihm.

Ich mag sein Cover von Presleys »Stuck on You«, aber auch »Summertime« von George Gershwin. Ich wette, das waren nicht seine liebsten Nummern – »viel zu ruhig« – aber ich höre sie heute noch gerne.

Mein Vater hat einige Auftritte im österreichischen Fernsehen, er geht auf Tournee, die ihn auch in die DDR führt, doch dann packt ihn eine neue Leidenschaft: der Film. Er bewirbt sich auf der Wiener Filmakademie und beginnt sein Studium, ab 1967 ist er Dokumentarfilmer und Regisseur – die Musik für seine Filme komponiert er oft selber.

Als wir Kinder größer sind, will er mit uns ständig Musik machen. Wir lernen Instrumente zu spielen, ich singe ein paar Mal mit ihm, aber es macht mir nicht so viel Freude, also höre ich wieder auf.

Mein Vater ist enttäuscht, dass in mir so gar keine musikalische Leidenschaft zu entfachen ist, bei seinen Söhnen hat er allerdings mehr Glück. Sie spielen beide mit ihm, gründen sogar eine Band mit Namen »Papa and the Gang«. Christoph spielt Gitarre, übrigens hervorragend, und Arvid Bass. Sie haben ein paar Auftritte, und egal, welcher Art diese Auftritte sind, unser Vater nimmt sie sehr ernst.

Er ist wirklich kein Entertainer. Es geht ihm ausschließlich um die Musik, er tritt nie an, um eine Show zu machen. Ab und zu redet er zwischen den Liedern, aber nur wenn es sein muss und um vielleicht den nächsten Song anzukündigen, aber er ist kein Unterhalter. So mag er zum Beispiel den deutschen Musiker Helge Schneider sehr gerne, auch dessen Lieder, aber immer wieder merkt er missbilligend an, wie der nur so eine Show abziehen könne. Das ist ihm fremd. Verkaufen kann er sich eher schlecht.

Ein paar Jahre nach dem Tod meines Vaters ruft mich meine

Mama an und erzählt mir freudig, sie habe gerade eine Kritik in einer Tageszeitung gelesen, in der es um meinen Vater geht. Zumindest im weiteren Sinn. Eine neue Platte sei auf den Markt gekommen, sie heiße Schnitzelbeat.

Darauf zu finden: »Wilder Rock'n'Roll aus Österreich der späten 1950er- und frühen 1960er-Jahre.«

Mit drauf: Mein Vater.

Er hätte sich sicher sehr darüber gefreut.

20 ARVID

Arvid ist eine kleine Nervensäge. Als Kind redet er eigentlich ständig. Wirklich ständig. Wenn er kurz schweigt, liest er etwas, und anschließend redet er dann über das Gelesene. Das kann er endlos durchhalten, und damit kann er mich heute noch fertigmachen.

Arvid war ein furchtbar lautes Kind, und meine Mama, ganz Mediatorin, sagt immer, er musste lernen laut zu sein, sonst hätte ihn in dem Trubel, der bei uns im Haus geherrscht hat, wohl keiner beachtet. Bis ich sechzehn bin, halte ich ihn kaum aus. Als Teenager finde ich ihn immer netter. Heute bin ich zutiefst dankbar, dass es ihn gibt. Er ist klug, großzügig, hilfsbereit, temperamentvoll, immer ehrlich, furchtbar unanpassungsfähig und ein wirklich guter Kerl.

Wie oft bei Geschwistern haben wir völlig unterschiedliche Interessen, einen unterschiedlichen Musikgeschmack, einen unterschiedlichen Modegeschmack – wir wären einander wohl kaum begegnet, wären wir nicht Bruder und Schwester. Er hat kein Handy, keinen Facebook-Account, und er checkt seine E-Mails einmal in einem halben Jahr, wenn es hoch kommt. Gefühlt hatte er in den vergangenen Jahren sechzehn

Jobs und fünfzehn Wohnungen. Ich bin Journalistin. Ich habe einen Twitter-Account, eine Website, und wenn ich nicht auf Urlaub bin, checke ich meine E-Mails mehrmals täglich. Dennoch versteht mich niemand mit so wenigen Worten wie er.

In uns ist ein Schmerz, über den wir manchmal nicht reden wollen oder nicht reden können oder über den wir zeitweise auf eine Art reden, die andere nicht verstehen würden, weil es zu flapsig klingt, vielleicht auch zu respektlos. Es war unsere Familie, die Stück für Stück auseinandergebrochen ist, aber zuvor war es auch unsere Familie, in der wir einen sicheren Halt hatten. Mein Vater war sein Vater. Arvid kennt seine Schwächen und Stärken so gut wie ich, und er braucht nicht zu verstehen, welch tiefes Loch sein Tod gerissen hat, weil er es genauso spürt wie ich.

Wenn ich daran denke, Kinder zu kriegen, will ich mindestens drei. Wenn eines meiner Kinder stirbt, hat das andere noch einen Bruder oder eine Schwester und ist nicht alleine. Mein Freund findet diesen Gedanken ein klein wenig übertrieben, aber was kann er da schon sagen?

Als meine Oma stirbt, fahre ich mit Arvid zu ihrem Begräbnis. Sie stirbt im Alter von dreiundneunzig Jahren, und ich habe sie sehr geliebt, aber ihr Tod geht in meinem Leben ein bisschen unter. Sie war alt, und mit ihrem Tod war also zu rechnen. Ich bin eigentlich einen Gefühlswahnsinn gewöhnt, aber hier ist nur reine Trauer zu spüren – ohne Schuldgefühl, ohne Wut, ohne Angst. Als ich davon erfahre, bin ich gerade in New York, ich sitze bei einem Freund in dessen Wohnung, und wir sehen uns einen Film an. Meine Mama ruft mich an.

Ich gehe hinüber in das andere Zimmer, kurz kommen mir die Tränen, dann ist es wieder vorbei.

Der Freund fragt, ob wir weitersehen wollen, er ist nicht sicher, wie es mir jetzt geht. Aber es ist alles in Ordnung. Wir sehen den Film fertig an, und alles, was ich noch in mir spüre, ist eine lähmende Müdigkeit, die mir in den Kopf steigt und in mein Herz.

Eine Woche später bin ich zurück in Wien und hole Arvid ab, und wir fahren gemeinsam auf den Wiener Zentralfriedhof. Wir sind eigentlich ganz gut gelaunt und machen im Auto noch eine Menge Scherze. Es ist nicht unsere erste Fahrt zu einer Beerdigung. Wir sind die ersten auf dem Friedhof, und da wir uns auf diesem nicht so gut auskennen, dauert es eine Weile, bis wir die richtige Feuerhalle finden. Als wir hineingehen, ist der Raum menschenleer, vorne ist der Sarg aufgebahrt. Daneben steht ein großes Foto unserer Oma. Und als wir da vorne stehen, fangen wir auf einmal beide an zu weinen.

Wir versuchen uns, so gut es geht, vor Trauer zu schützen. Wir haben Angst davor. Aber als wir ungeschützt da vorne stehen, fühlen wir, dass wir unsere Oma nicht mehr sehen werden. Wir nehmen uns an den Händen und stehen eine Weile aneinander gelehnt vor dem Sarg, bevor wir wieder hinaus in die Sonne gehen.

Arvid und ich sind Brothers in Arms. Wir standen bei zu vielen Beerdigungen gemeinsam vorne. Wir haben zu oft miteinander geweint. Er ist drei Jahre jünger als ich, mein kleiner Bruder, und ich wünschte, ich hätte ihm ein wenig von dem Schmerz ersparen können.

Nach Papas Tod passen wir noch besser aufeinander auf. Es

schweißt meine ganze Familie unbewusst noch mehr zusammen, und es schürt die Angst, dass es wieder einen von uns erwischen könnte. Die Jahre nach Papas Tod verbringen wir in einer Art Alarmbereitschaft. Jeder Anruf kann schlechte Nachrichten bringen.

Schon während ich an diesem Buch schreibe, ruft mich meine Mama an, und ich erkenne an ihrer Stimme sofort, dass etwas geschehen ist. Schon daran, wie sie »Hallo Saskia« sagt. Sie will mir sagen, dass eine unserer Katzen gestorben ist, sie war alt, und es war damit zu rechnen, aber der Tod ist in unserer Familie nie wieder nur ein Tod. Zu viel hängt schon daran. Noch bevor ich weiß, was sie sagen will, rede ich schnell über etwas anderes weiter. Ich weiß, dass etwas kommt, was ich nicht hören will.

Meine besten Freunde sagen manchmal zu mir, du kannst dich ohnehin nicht schützen. Ich weiß, dass sie recht haben, aber es macht gar keinen Unterschied. Ich suche mir diese Angst nicht aus, ich habe um die Vorsicht nicht gebeten. Wenn ich mich über etwas sehr freue, sagt eine innere Stimme im selben Moment warnend zu mir: »Freue dich bloß nicht zu sehr. Freue dich bloß nicht zu früh.«

Was ist, wenn mir so etwas Schmerzhaftes wieder passiert? Was ist, wenn ich es nicht noch einmal ertrage? Irgendetwas in mir ist aus dem Gleichgewicht, und ich glaube, egal, wie es besser wird, es wird nie wieder gut.

Arvid schiebt alles ein wenig weiter weg als ich. Wenn ich an die letzten Jahre mit Papa denke, erinnere ich mich auch daran, dass vieles mit ihm schon sehr schwierig war. Aber ich erinnere mich auch noch sehr gut an die vielen schönen Jahre davor. Weil Arvid jünger ist als ich, hat er dafür weniger Zeit, und die Erinnerung kommt jetzt erst wieder. Unlängst hat er zufällig eine Audiokassette gefunden und sie sich angehört. Es ist ein Hörspiel darauf, das wir alle miteinander aufgenommen haben, Arvid, Mama, Till, Papa, Christoph und ich.

Wir haben unglaublich viel Spaß, immer wieder müssen wir unterbrechen, weil wir so viel lachen. Unser Papa hat ein tolles Lachen, es klingt ähnlich wie das von Till, es kommt ganz tief aus ihm heraus, es ist herzlich und ansteckend und irgendwie auch nur ganz für ihn selbst. Arvid sagt: »Wir hatten so viel Spaß, ich habe fast vergessen, wie lustig er war.«

Nach Tills Tod habe ich meinen Vater nie wieder von Herzen lachen hören.

Arvid sieht als Kind so aus wie der Vater meiner Mutter, und je älter er wird, desto mehr ähnelt er meinem Vater: dieselben raumgreifenden Bewegungen, die laute Stimme, eine ähnliche Gestik. Selbst sein Gesicht wird dem meines Vaters immer ähnlicher, die Nase, die Augen. Manchmal erschrecke ich kurz, wenn er unvermutet neben mir auftaucht, weil ich eine Zehntelsekunde glaube, da steht jetzt plötzlich mein Vater neben mir.

Arvids Verhältnis zu unserem Papa ist anders als meines, das liegt auch daran, dass er ein Junge ist. Nachdem klar war, dass Till behindert ist, war Arvid in seinen Augen sein männlicher Nachkomme. Es ist komisch, wie mein Vater auf der einen Seite so aufgeschlossen sein konnte und mich entschieden in dem Wissen erzogen hat, dass Frauen alles genauso können wie Männer, und auf der anderen Seite auf den Erhalt der Blutlinie und des Namens gepocht hat und dass diese Dinge ausschließlich dem Jungen vorbehalten waren. Als könnte ich meinen Namen nicht auch weitergeben.

Arvid sagt, schon als er noch in der Volksschule war, hat mein Vater zu ihm gesagt, er müsse einmal Kinder zeugen und sie zu Jungnikls erziehen. Arvid hat damals keine Ahnung, wie man überhaupt Babys macht. Er kann Nächte nicht einschlafen, weil er verzweifelt überlegt, wie er tun kann, was mein Vater verlangt.

Er sieht sich selbst im Bett neben einem Mädchen liegen, beide haben ihre Hände neben den Kopf gelegt, wie zwei kleine barocke Engelchen, und so süß dieses Bild auch ist, so furchtbar ist die Vorstellung, was mein Vater von dem kleinen Achtjährigen gefordert hat.

Manchmal denke ich daran, wie sehr ich mit dem Tod unseres Vaters hadere, und dann versuche ich mir vorzustellen, wie Arvid das wohl schafft. Aber immer, wenn ich mit ihm darüber rede, bin ich ganz erstaunt, wie klar er ist in seinen Worten und Gedanken. Er ist eben anders als ich, und er geht auch anders damit um. Ich weiß nicht, ob er jemals wütend wegen des Suizids war. Er sieht es als das Recht jedes Menschen an, selbst bestimmen zu können, wann er stirbt. Manchmal sagt er zu mir, das Einzige, was er wirklich bedauert, ist, dass er unseren Papa so spät kennengelernt hat.

Als unser Vater stirbt, ist Arvid gerade in einer rebellischen Lebensphase. Er will die Dinge für sich ausprobieren, und mein Vater ist oft wegen kleinster Sachen mit ihm unzufrieden. Arvid hat damals das Gefühl, dass unser Papa nicht stolz auf ihn ist. Dann stirbt er, und jetzt wird Arvid es nie wirklich erfahren. Dabei weiß er, dass sein Vater ihn geliebt hat, dass er uns alle geliebt hat, aber nun wird er nie wieder von ihm hören, dass er auch stolz auf ihn ist.

Ich weiß, dass er es war. Und ich kann es Arvid zwar sagen, wirklich glauben wird er es mir nicht. Es sind diese kleinen Dinge, die einen immer mit dem Tod hadern lassen, es ist immer zu wenig Zeit und zu wenig gesagt worden, aber in diesem Fall hat mein Vater seinen Tod ja selbst geplant, hätte er sich die Zeit also nicht nehmen können?

In einer seiner Kurzgeschichten über seine Familie schreibt mein Vater:

»Die vier Kinder waren vier verschiedene Problemwesen. Seine Gedanken, die er mitteilte, negierten sie teils höflich.

Als die Kinder groß waren, gingen sie fort. Manchmal besuchten sie ihn. Wenn sie kamen, sagten fremde Menschen Papa zu ihm.«

Wir haben darüber oft mit ihm geredet – darüber, dass er uns natürlich kennt, dass er nur über die Themen sprechen will, die er aussucht, dass er auch unsere Leben anders begleiten könnte.

Oft zitiert er aus dem Evangelium Markus: »Ein Prophet gilt nirgends weniger als in seinem Vaterland und bei seinen Verwandten und in seinem Hause.«

Am liebsten wäre ihm gewesen, wir wären nie erwachsen geworden.

Und Arvid war der Jüngste. Ich glaube, mein Vater hat damit gehadert, als er gemerkt hat, dass auch Arvid älter wird und ein eigenes Leben beginnt.

In den Tagen nach Papas Tod sind ein Bruder meiner Mama

und seine Frau bei uns auf Besuch. Ich mag die beiden besonders gerne. Irgendwann bin ich in der Küche, und mein Onkel ist auch da. Die ganze Szenerie ist eine hilflose, weil niemand wirklich weiß, was er sagen soll, weil auch niemand weiß, was in dem anderen jetzt vorgeht. Er will mich trösten und er sagt, als sein Vater, mein Opa, gestorben ist, war der zwar schon viel älter, aber es war dennoch zu früh. Weil es immer zu früh ist.

Es ist immer zu früh. Aber in diesem Moment wird mir klar, womit ich in den nächsten Jahren zu kämpfen haben werde: dass mein Vater es selbst entschieden hat, und ich mich immer fragen werde, was noch hätte sein können und ob da wirklich keine Zeit mehr war.

21 ARVID ÜBERLEBT

Kurzgeschichte meines Vaters,
geschrieben 1994

Arvid hat seinen Vater überredet, eine Kinderzeitschrift zu kaufen, in der es Anleitungen und Vorrichtungen zum Überleben gibt. Sollte Arvid, immerhin zehn Jahre alt, jemals allein im Dschungel oder sonstwo um sein Überleben kämpfen müssen, dann wäre diese Zeitschrift eine große Hilfe für ihn.
Der Vater ist der Meinung, dass sein Sohn überleben sollte.
Also kauft er die Zeitschrift samt Teil 1 des Überlebens-Sets (eigenartigerweise haben die freundlichen Verfasser der Überlebensratschläge ihre Tipps auf vier Hefte verteilt; Vater wird also vier mal vierundzwanzig Schilling zahlen müssen, damit sein Sohn in der Wildnis sicher und geborgen ist und weiß, was er zu tun hat, um zu überleben).
Ein Geschenk, sagt Arvid.
Was solls, sagt der Vater. Überleben ist alles.
In Heft 1 wird dem jugendlichen Leser nahegelegt, ein sogenanntes »Schlaues Buch« zu basteln.
Vater liefert den Klebstoff und drückt die vorgeformten Plastikteile zu Ordner-Bügeln. Sohn Arvid ordnet mit nachlässiger Kunstfertigkeit einige kleine Seiten in das Büchlein ein.

Die ersehnte Überlebensmaschine aus gelbem Plastik, lockend mit Sonnenuhr, Kompass und mit überlebenswichtigem Morsezeichen-Spiegel gibt es dann ab dem nächsten Heft.

Die Wartezeit wird mit der häuslichen Herstellung des Überlebensgürtels gefüllt.

Vater hat von seinen Reisen einen schönen Gürtel aus Tunesien mitgebracht. Der ist hervorragend zum Überleben geeignet. Allerdings muss er abgeschnitten werden, weil Arvid schlanker ist als der Vater.

Seis drum.

Mutter und Vater suchen Leder-Reste, schmale Bänder werden geschnitten, die Nietzange wird aktiviert, Ahlen bohren Löcher durch Gürtel und Lederbänder, passende Metall-Scheibchen werden gefunden, die Klebe-Pistole wird angeheizt, Vater hat auch einige Plastik-Filmdosen parat, und Mutter liefert Zwirn, Zündhölzer, Nadeln, Kerzenreste, Kreide und was man sonst zum Überleben braucht.

Den Kompass gibt es erst in der übernächsten Nummer. Aber die Sonnenuhr ist schon da. Schief aufgepickt auf dem gelben Plastikding die Orientierungshilfe. Vater löst vorsichtig ab und klebt neu auf.

Arvid will aber schon vor der Auslieferung der übernächsten Nummer überleben. Also wird ein alter, schöner Kompass dem überlebenswilligen Sohn überlassen.

Der Gürtel sitzt, passt und hat Luft.

Arvid stolziert überlebend durchs Haus.

Sieht in den Spiegel.

Überlebt souverän in gefahrvollen Phantasie-Gedanken.

Rückt professionell am Überlebensgürtel.

Fesch sieht er aus!

Vater ist stolz auf seinen überlebenden Sohn.

Er redet mit ihm über Windrichtungen, über das Hören auf die Geräusche der Natur, über das Vorkommen von Flechten auf Bäumen, über die Vorzeichen von kommenden Unwettern.

Arvid hört ungeduldig zu.

Er reibt seinen Überlebensgürtel um die schlanke Mitte.

Kommt schließlich, als der Vater ihm deutlich und mühevoll erklärt, dass Kartoffeln nicht über offenem Feuer, sondern in der Glut eines kleinen Feuerchens am besten geraten, auf die Idee, dass eine Bergsteiger-Notnahrung für Überlebende dringend nötig sei.

Dringend nötig.

Vater gibt Arvid, vorsorglich und gerührt, einige Stücke Schokolade und Lutschzeug in einen eigenen, am Gürtel befestigten Behälter.

»So, und jetzt geh überleben«, sagt Vater.

Arvid verschwindet.

Dreieinhalb Sekunden später kommt der Überlebende Arvid, aus seinem Rachen schokoladig atmend, wieder zum Vater zurück. »Ich hab überlebt! Schau!«, und weist dem perplexen Zeuger die leere Dose. »Ich will weiter überleben!« –

Inzwischen ist die freundliche Mutter mit den anderen Kindern zu einem netten Ausflug in die umgebenden Wälder gewandert. Ohne Überlebensgarantien, versteht sich!

Arvid, angetan mit dem neuen Überlebensgürtel und einem übergroßen Hut, der ihn vor jedem Unwetter schützen wird, hüpft in der Sicherheit des Hauses staubwirbelnd umher.

Er kommt, Süßigkeiten-Reste mampfend, zum Vater zurück.

»Hast du noch was für mich zum Überleben?!«

Vater hat.

22 SARG

Von der Bank aus habe ich einen schönen Blick auf das Dorf, es liegt ruhig in der Mittagssonne, keine Autos oder Traktoren fahren herum, nur ab und zu höre ich ein Insekt vorbeischwirren. Friedlich wäre wohl das Wort, das jetzt am besten passt, würde ich nicht, wenn ich den Kopf nach links drehe, den Friedhof sehen. Mittlerweile zieht er mich genauso an, wie er mich abstößt, und friedlich ist er für mich in diesem Moment bestimmt nicht.

Es ist Tills dreißigster Geburtstag, an dem ich hier sitze. Also eigentlich wäre es Tills dreißigster Geburtstag, aber Till ist seit drei Jahren tot und mein Vater ist es seit gestern. Und so sitze ich, statt den Geburtstag meines Bruders zu feiern, vor der Leichenhalle in unserem Dorf und lehne an der Tür aus buntem Glas. Ich warte noch ab, ich muss mich ein bisschen überwinden, um hineingehen zu können, vielleicht, weil ich dieses Mal fast noch mehr Angst davor habe, eine Leiche zu sehen. Anders als bei Till ahne ich dieses Mal schon, was mich erwartet.

Mein Vater ist in der Trauerhalle aufgebahrt, damit wir uns verabschieden können, bevor er zur Feuerhalle nach Graz gebracht wird. Ich warte, bis alle anderen aus der Halle kommen, dann öffne ich die Tür.

Links und rechts sind hölzerne Sitzbänke, vorne in der Mitte steht der Sarg. Als ich den Gang vorgehe, wird mir schlecht vor Angst und Nervosität. Ich blicke durch das Sichtfenster in den Sarg. Mein Vater lächelt ein wenig. Ich weiß, dass er tot ist, aber ich schrecke ein paar Mal auf, weil ich glaube, dass er zwinkert. Ich staune über dieses glatte und vertraute Gesicht. Dann weine ich. Ich streiche mit der Hand über das Glas, auf seiner rechten Wange ist ein winziger schwarzer Fleck. Es macht mich wahnsinnig, dass ich ihn nicht wegwischen kann. Ich weiß, dass ich meinen Vater das letzte Mal in meinem Leben sehe. Ich mustere sein Gesicht, als würde ich eine Antwort suchen.

Es wird der Anfang einer langen quälenden Suche.

Wieso ist er tot?

Er war nicht körperlich krank, aber er hatte Angst davor, im Alter zu verfallen. Er hatte keine Schulden, aber Sorge, dass ihm eines Tages das Geld ausgeht. Er war einsam, aber er hat Gesellschaft abgelehnt.

Als ich die Hand wegnehme, ist das Glas ein wenig fleckig, also wische ich darüber. Ich würde ihn furchtbar gerne umarmen und ihn noch einmal riechen. Ich würde mich gerne an seiner Schulter verkriechen, und er könnte dann diesen Albtraum verscheuchen, wie es Väter eben tun können.

Wie kann ich je vereinbaren, dass er mir nicht nur nicht hilft, sondern dass er diese Hölle erst in mein Leben gebracht hat? Ich schaue ihn lange an, dass mir Tränen hinunterrinnen, merke ich erst, als sie aufs Glas tropfen. »So hast du dich verabschiedet, Papa? Das war es jetzt?«, frage ich verzweifelt ins Nichts.

Kurz bevor ich merke, dass mir das alles zu viel wird, beruhige ich mich wieder. Ich schaue mich um, aber was ich in dem Raum sonst noch sehe, weiß ich heute nicht mehr.

Ich will mir jedes Detail seines Gesichts einprägen. In meinem Kopf sind so viele Bilder meines Vaters gespeichert, jetzt kommt dieses dazu. Ich habe überlegt, ob ich ihn fotografieren soll, damit ich dieses letzte Bild meines Vaters nie vergessen werde. Es war eine unnütze Überlegung. Ich mache es zwar nicht, aber ich vergesse das Bild auch nie. Wenn ich die Augen schließe und ich es will, dann kann ich ihn genau vor mir sehen, bis hin zu seinen grauen Bartstoppeln und der leicht gebogenen Nase oder den großen Ohren.

Ich weiß, wenn ich jetzt hinausgehe, dann werde ich meinen Vater nie wieder sehen. Es ist ein furchtbarer und schauriger Gedanke, und ich hasse diese Unabwendbarkeit gepaart mit meiner Hilflosigkeit.

Ich kann hier nichts machen. Natürlich weiß ich, dass der Tod endgültig ist, aber es zu wissen und es dann im tiefsten Herzen verstehen zu lernen, sind zwei verschiedene Dinge. Egal, wie sehr ich mich auch bemühe, ich werde nie wieder mit ihm reden können. Es gibt keine zweite Chance, und es ist leichter, das zu wissen, als es zu akzeptieren.

Plötzlich geht die Tür auf. Christoph kommt herein. Er klagt laut, weint im einen Moment, im nächsten flucht er. »Entsetzlich, in dieser engen Truhe eingesperrt! Ich hol dich da raus, Papa!« Er beginnt, die Schrauben rund um den Sarg zu lockern. Als wäre es nicht schon absurd genug, dass mein

Vater da tot in der Leichenhalle liegt. Wieder kommt mir der Gedanke daran, einfach zu flüchten. Stattdessen werde ich ärgerlich.

Christoph hat mich aus meinen Gedanken gerissen, er stört meine letzten Momente alleine mit meinem Vater. Ich nehme ihn am Arm und bugsiere ihn Richtung Tür. Meine Mama kommt herein und nimmt ihn mit hinaus. Ich gehe wieder zum Sarg. Aber meine Stimmung hat sich verändert. Zu viel Realität ist über mich eingebrochen, der vermeintlich geschützte Moment mit meinem Vater ist kaputt, und mir wird bewusst, dass er auch eigentlich nicht vorhanden war. Mein Vater ist tot. Er wird mir hier keine Antworten geben.

Wir fahren wieder nach Hause, und ich gehe lange spazieren. Es kommen immer mehr Menschen zu uns, Freunde meiner Mutter, Freunde von Arvid und mir. Das wird mir alles zu viel. In mir wächst eine Angst, die ich nicht richtig zuordnen kann. Es ist ein ständiges Schwanken zwischen dem normalen Leben, das weitergeht, und diesen Schockmomenten, dass ich dieses normale Leben gerade für immer verloren habe. In manchen Augenblicken fühle ich mich wie immer und in den nächsten so todunglücklich und verzweifelt, dass ich sterben möchte.

Alles ist aus dem Ruder.

Die Tage nach Papas Tod verbringen wir gemeinsam zu Hause. Meine Mutter macht oft Suppe, das isst sich leichter. Alles andere würgen wir hinunter. Der Arzt hat uns Beruhigungstropfen gegeben, Psychopax. Wir nehmen sie nicht. Wir sprechen viel miteinander, trotzdem ist jeder allein.

Ich versuche mich mit praktischen Dingen abzulenken, ich kündige Abos und bestelle seine Kreditkarten ab, gehe zur Bank und löse seine Konten auf. All das zu erledigen hilft mir, damit ich nicht den Boden unter den Füßen verliere. In den kommenden Wochen fühle ich mich, als würde ich einen Grat entlangbalancieren – wir gaukeln uns Normalität vor, damit wir nicht den Halt verlieren.

Meine Mama bittet mich, einen Text zu schreiben, der in die Predigt bei der Beerdigung eingefügt werden kann. Ich will ihn auch schreiben, aber mir fällt nichts ein. Ich kann den Text nicht schreiben. Jedes Mal, wenn ich anfange, wird das Grauen so real, dass ich wieder aufhören muss, weil ich nicht glauben kann, was ich tue: einen Abgesang auf meinen Vater schreiben. Fast habe ich das Gefühl, dass er gleich kommt, mir über die Schulter schaut und meine Fehler korrigiert.

Aber am Nachmittag vor der Beerdigung habe ich ihn plötzlich im Kopf. Ich setze mich an den Computer meiner Mutter und fetze den Text hinunter. Ich lasse dabei die wichtigsten Stationen seines Lebens Revue passieren. Angefangen bei seiner Kindheit, als das erste von drei Kindern. Seine Jugend im Wien der Kriegs- und Nachkriegszeit.

Ich versuche, in dem Text zu erklären, was ich damals selbst erst im Ansatz weiß: wo mein Vater herkommt, was ihn geprägt hat und was aus ihm den Menschen gemacht hat, der er letztendlich war und als der er gestorben ist.

Ich bin mir sicher, dass viele Töchter denken, ihre Väter sind einzigartig. Da mache ich keine Ausnahme. Das war er auch für mich. Nicht nur, aber auch wegen seiner vielfältigen Leidenschaften und Talente: Er war ein Literat und Autor,

Musiker und Denker. Evangelischer Lektor, Schafzüchter, Regisseur und Kameramann.

»Ein Mann vieler Worte, oft mit Vehemenz vorgetragen. Ein Lehrender, der mitriss und manchmal nicht leicht zu ertragen war. Ein tief nach dem Wesentlichen Suchender, der sich ständig neue Ziele steckte und nicht zufrieden war, ehe er sie bis in die Tiefe ergründet hatte.«

Er scheitert mehr als einmal und rappelt sich wieder hoch, er bekommt mehr als einen Stock zwischen die Füße geworfen und steht wieder auf. Tills Behinderung hat ihn sehr gefordert, wie auch die ganze Familie, aber er hat damit nicht gehadert, er hat sich dem gestellt. Er ist nicht weggelaufen, und wenn Leute das manchmal andeuten und seinen Freitod als Flucht sehen, dann werde ich wütend, denn mein Vater hat in seinem Leben mehr ausgehalten und mehr mit Bravour, Menschlichkeit und offenem Blick gemeistert, als viele andere es könnten und tun.

»Sein Leben, um das er so viele Jahre gekämpft hatte, war ihm zu schwer geworden. So nahm er sein Ende selbst in die Hand, und fand endlich seinen Frieden. Wir erkennen diese seine Entscheidung an.«

Der Pfarrer ergänzt meinen Text schließlich:

»Zu Tills Verabschiedung schrieb sein Vater im Vertrauen auf seinen Glauben: ›7. 7. 1978: Hier begann Till zu sterben!‹ und ›7. 11. 2004: An diesem Tag begann unser Till zu leben!‹ Dies gilt auch für uns: So wollen auch wir im Vertrauen auf das ewige Leben in Jesus Christus bekennen: 21. 8. 1940: Hier begann Erhard zu sterben! und 6. 7. 2008: An diesem Tag begann unser Erhard zu leben! Der Herr sei ihm nun gnädig im

Gericht und schenke ihm und uns allen eine frohe Auferstehung. Und der Friede Gottes, welcher höher ist als alle Vernunft, bewahre unsere Herzen und Sinne in Jesus Christus. Amen.«

23 LUSTIGES

Eine Geschichte meines Vaters,
geschrieben im April 2008

Lustiges mag ich sehr.
Ich mag gerne lustige Witze.
Es gibt auch böse Witze, satirische Witze, höhnische Witze,
rassen- und geschlechterdiskriminierende Witze.
Ich mag die harmlosen, nur lustigen Witze.
Ein lustiger Witz ist so einer: Kommt ein Mann (die meisten,
ja, fast alle Witze fangen immer grammatikalisch-stilistisch so
seltsam an: Kommen zwei Musiker …, kommt eine Frau ….
Nie fängt ein Witz an mit: Ein Mann kommt …, eine Frau
kommt …, zwei Musiker kommen …. Seltsam!)
Und im Witze-Stil:
Kommt ein Mann mit seinem kleinen Sohn in eine Bank.
Fragt der (wieder der seltsame Stil!) angesprochene Bankbeamte: »Sie wünschen?« Antwortet der Mann: »Ich will
eine Bank.« Sagt der Bankbeamte: »Ist das Ihr Ernst?«
Erwidert der Mann, seinen Sohn betrachtend: »Nein, das ist
der Seppl; er hat nur dem Ernst seine Mütze auf.«
Über diesen lustigen Witz muss ich mich immer wieder halb
tot lachen. Und noch ein lustiger Witz – ein Witz jagt den
anderen! – Zusammen sinds dann zwei!

Bruhaha!

:

U-Bahn. Ein Mann steigt, bedingt durch das Gedränge, einem anderen Mann auf einen Fuß. »Pardon«, sagt er höflich. »Nix Karton, echt Leder!«, ist die Antwort.

Bruhaha!

Ich liebe lustige Witze.

:

Nachtclub-Eingang. »Sind Sie Mitglied!« »Na, ohne werde ich sein«, spöttelt der Angesprochene. Bruhaha!

Ein sehr lustiger Witz.

»Sie sind ein depressiver Mensch«, sagt mein Psychiater. Da muss ich dann nachdenken. Seine Diagnose finde ich falsch. Ich bin ein fröhlicher, munterer, lüsterner, lustiger Mensch.

Gegen Depressionen kann man etwas machen, sagt meine Frau. Du musst nur den richtigen Arzt finden.

Morgen kaufe ich mir ein ANTI-PANIK-ATTACKEN-GEL mit Limonenduft. Heute bin ich noch ein freier lustiger Mensch.

Ich schaue aus dem 88. Stock des Hochhauses, in dem ich als Lektor eines großen Verlags arbeite, in die Straßen einer wirbelnden Großstadt.

Die Fenster sind raumhoch.

Sie lassen sich nicht öffnen.

Wegen der Klimaanlage.

Aber ich weiß, wie das Öffnen geht.

Ah!

Endlich Luft!

Heiß, aber echt.

Und Gerüche.

Sooo kleine Menschen da unten!

Ich kann wirklich fliegen, wie ich feststelle.

Lustig!

24 WARUM

Ich schließe die Tür meiner Wohnung und lehne mich innen dagegen. Ich bin todmüde. Fast drei Monate war ich weg, es ist das erste Mal, dass ich wieder in Wien bin, seit mein Vater tot ist. Alles ist unverändert. Wie kann das sein, wenn sich doch alles verändert hat? Ich rutsche an der Tür hinunter und bleibe unten sitzen, unfähig, mich zu bewegen. Zwei Tage zuvor habe ich »Herr der Ringe« gesehen: »Wie knüpft man an, an ein früheres Leben? Wie macht man weiter, wenn man tief im Herzen zu verstehen beginnt, dass man nicht zurückkann?«

Ich sitze lange an die Tür gelehnt und weine. »Manche Dinge kann auch die Zeit nicht heilen, manchen Schmerz, der zu tief sitzt und einen fest umklammert.«

Die Rückkehr in das normale Leben ist schwieriger, als ich es mir in guten Momenten gedacht, und genauso schwierig, wie ich es in meinen schweren Momenten befürchtet habe. Manchmal, wenn ich am Abend im Bett liege, sehe ich die Toten als schwarze, unheilvolle Geister an der Decke. Eine Phase in meinem Leben beginnt, in der ich mich so einsam fühle wie noch nie zuvor. Ich schaffe es nicht, andere in mein

Leben zu lassen, weil ich nicht glaube, ihnen begreifbar machen zu können, was in mir vorgeht.

Mich um meine Familie zu kümmern, hat Vorrang, dann komme ich. Ich brauche all meine Kraft und Energie dafür. Darüber vergesse ich meine Beziehung. Langsam höre ich auf mit Oskar zu reden, er bemüht sich nicht sehr darum, ich glaube, es ist ihm alles zu viel. Von einer funktionierenden glücklichen Beziehung mit einem selbständigen Menschen bleibt ihm ein Minenfeld aus Ängsten, Tränen und Verzweiflung. Da ist wenig Verständnis von mir für ihn. Das ist keine Absicht, aber wenn ich einen schlechten Tag habe, tröste ich ihn nicht, weil ihm etwas Blödes passiert ist. Ich bin mir seiner so sicher, heute würde ich wohl die Prioritäten nicht zu hundert Prozent verschieben. Wir wissen beide nicht, wie wir mit der Situation umgehen sollen.

Heute sagt er, nach etwa einem halben Jahr ist er ungeduldig geworden. Ungeduldig und ärgerlich. Er findet, es ist genug der Trauer, ich soll mich mit den Dingen abfinden. Er will den Menschen zurück, mit dem er eine Beziehung hatte, und nicht diesen neuen veränderten Menschen, der Angst hat und nur mehr so selten fröhlich und ausgelassen ist. Er will alles wieder so, wie es früher war.

Ich muss arbeiten und an den Wochenenden besuche ich meine Mama. Wenn ich frei habe, bin ich so erschöpft. Ich will nur zu Hause sitzen, wo ich in Sicherheit bin, und etwas Belangloses fernsehen. Ich sehe mir zu der Zeit nur drei Serien an: »King of Queens«, »Two and a half Men« und »Friends«. Serien, bei denen ich genau weiß, dass nichts Unerwartetes kommt und dass nichts Schreckliches passiert. Ich kaufe sie mir sogar auf DVD, obwohl sie ohnehin im Fernsehen rotieren, was ich heute nicht mehr weiß, aber Oskar erinnert sich daran und auch warum: weil ich nämlich nicht einmal das Risiko einer unberechenbaren Fernsehwerbung eingehen will, nachdem da einmal eine Einschaltung mit einer Waffe war. Oskar möchte sich anderes im Fernsehen anschauen, er möchte überhaupt ein anderes Leben führen.

Es vergehen Tage, Wochen, Monate, an meinem Zustand ändert sich wenig, und mit Oskars Geduld beginnt auch die Beziehung zu bröckeln.

Ich will nicht weggehen oder ins Kino oder in eine Ausstellung. Menschenansammlungen machen mir Angst, ich habe das Gefühl, als hätte ich keinen Schutzschild mehr um mich, als müsste ich nackt und bloß in der Menge stehen. Ich weiß nicht, woher die nächste Gefahr droht, also versuche ich mich gegen alles abzusichern.

In mir ist eine ständige panische Angst davor, verlassen zu werden, aber ich kann sie nicht zeigen. Stattdessen bin ich gereizt und unnahbar. Obwohl ich erwachsen bin und mein Vater Stunden von mir entfernt gewohnt hat, hat mir sein Da-Sein Schutz gegeben. Jetzt fühle ich mich wie ein verletztes Tier, das nicht genau weiß, was passiert ist, nur dass es sich zurückziehen muss und seine Wunden lecken, bevor es wieder hinausgeht.

Heute kommt es mir vor, als hätte ich mich in diesem ersten Jahr in Zeitlupe durch die Welt bewegt. Ich taste mich ganz vorsichtig entlang. Nur nicht zu schnell, alles erfordert unglaublich viel Kraft. Selbst zum Supermarkt zu gehen, ist mühsam für mich. Überall lauert Gefahr: Oh, diese Nudeln hat

Papa besonders gerne gegessen. Schau, Till hätte dieses Magazin geliebt, da sind lauter Traktoren drauf. Nein, kein Weißbrot, Papa sagt, das dunkle ist gesünder. Lauter kleine Stiche. Meine Mama sagt, es heißt nicht ohne Grund TrauerARBEIT, und ich glaube, sie hat recht, denn selbst wenn ich nicht daran denke, arbeitet es in meinem Unterbewussten. In dem ersten Jahr nach Papas Tod schlafe ich oft, kurz, tief und traumlos.

Genau ein halbes Jahr nach dem 6. Juli bin ich mit Oskar auf einer Party von einem seiner Freunde. Ich habe das Gefühl, als wäre ich nicht wirklich dort. Mit den anderen zu plaudern, fällt mir schwer. Es läuft nicht gut mit Oskar und mir, ich will mich bemühen, aber mir fallen keine unbeschwerten Geschichten ein, die ich erzählen könnte, und die unbeschwerten Geschichten der anderen will ich nicht hören. Das sind eure Probleme, würde ich am liebsten rufen. Damit beschäftigt ihr euch den ganzen Tag? Ich weiß, dass das unfair ist. Aber ich bin so gefangen in meinem inneren Schmerz, und selbst wenn ich möchte, schaffe ich es nicht, mich daraus zu befreien. Irgendwann setze ich mich mit einer Dose Bier an den Rand.

Oskar kommt kurz zu mir, er will eigentlich nicht, sein Gesicht sagt, was macht sie schon wieder für ein Drama. Es fühlt sich furchtbar an, dass ich von dem lustigen Kumpel, mit dem er weggehen konnte, zu einer Freundin geworden bin, über die andere vermutlich sagen, sie sei ein bisschen schwierig.

Ich werde noch unsicherer. Langsam bekomme ich Probleme damit, meine Gefühle zu erkennen. Vor dem Tod meines Vaters bin ich sehr reflektiert, ich kann mich gut nüchtern sehen. Dafür habe ich hart nach Tills Tod gearbeitet. Doch ich verliere das Zutrauen in mich. Bin ich traurig? Wütend? Will ich Nähe oder Distanz? Was tut mir gut? Ich weiß es nicht mehr.

Der Suizid hat alles in mir erschüttert, was ich bis dahin zu wissen glaubte. Das Bild, das ich von mir hatte, das Vertrauen in meine Fähigkeiten: Alles ist weg. Es ist für mich das allerschlimmste Gefühl der Welt: zu glauben, dass ich auseinanderfalle, dass ich mich selbst nicht mehr kenne. Ich kann mir nicht mehr trauen. Damals bin ich siebenundzwanzig, bei weitem kein Kind mehr, und ich habe einen Erfahrungsschatz, auf den ich zurückgreifen kann und der mir normalerweise in Situationen weiterhilft, wo ich intuitiv nicht weiterkomme. Aber dieses Prinzip funktioniert hier nicht. Ich habe keine Antworten.

In mir ist ein Gefühlschaos, und über allem lauert ein brennender stechender Schmerz, den ich versuche niederzudrücken. Nur nicht daran rühren. Ich versuche zu funktionieren, und ich habe furchtbare Angst davor, dass der Schmerz wieder in mir hochkommt, dass er mich wieder so unerwartet packt, wie damals, als ich nicht darauf vorbereitet war.

Mit der Endgültigkeit, die der Tod mit sich bringt, kann ich am schwersten umgehen. Ich bin erfüllt von einer großen Sehnsucht nach meinem Papa, ich würde alles dafür geben, wenn ich ihn noch einmal kurz sehen dürfte. Verpasste Gelegenheiten, ungenutzte Möglichkeiten fallen mir ein. Ständig ist er in meinem Kopf. Ich würde so gerne mit ihm reden, ihn anschreien, ihn umarmen. Langsam beginnt mein Herz zu begreifen, dass ich das nie wieder werde tun können, und jeder dieser Momente, in denen ich das klar verstehe, ist begleitet von Schmerz und Verzweiflung.

Mitten in dieser inneren Zerrissenheit sagt Oskar zu mir, er kann jetzt so nicht mehr mit mir zusammen sein. Er wisse nicht mehr, ob er mich noch liebe. Er müsse sich selber finden, er sei gerade verwirrt, er wisse nicht genau, was er will, er sei unzufrieden mit sich und seinem Leben: Das sind die Dinge, die er zu mir sagt. Vage Dinge. Ich versuche, ihn zu halten. Er lässt mir ein wenig Hoffnung, an die ich mich klammere.

Nach etwa einem Monat erfahre ich von einem gemeinsamen Freund, dass er eine Affäre mit einer Bekannten hat. Sie ist einfacher, sagt Oskar. Dass er mich verlässt, lässt mich furchtbar verzweifelt zurück. Heute sagt er, die Beziehung sei an dem Tod meines Vaters zerbrochen.

Er meint, wir wären zu diesem Zeitpunkt noch nicht lange genug ein Paar gewesen, um so einen Verlust zu verkraften. Ich glaube das nicht, ich will nicht glauben, dass so etwas eine Zeitfrage ist. Beziehungen bestehen eine Prüfung oder eben nicht. Oskar und ich hätten keine Zukunft gehabt. Mein Leben ist zu ernsthaft, und ich gehe auch ernsthaft damit um. Er versucht, den Schmerz auf Distanz zu halten. Er ist Musiker und sagt, er verarbeitet die großen Dinge des Lebens wie Liebe, Tod oder Glück auf künstlerische Art.

Oskar tut sich schwer damit, Gefühle unmittelbar an sich heranzulassen und auszusprechen. So war er immer. Dieser verschlossene Charakterzug hat mich früher angezogen. Aber der Tod meines Vaters hat gezeigt, wie grundverschieden wir letztlich sind.

Langfristig hätten Oskar und ich nie harmoniert. Dass ich heute in meiner Beziehung glücklicher bin als je zuvor, trägt dem Rechnung, aber damals bringt mich das Von-ihm-verlassen-werden fast um den Verstand. Es ist der letzte Tropfen in ein übervolles Fass, und ich falle in ein tiefes dunkles Loch, in dem es keinen Lichtstrahl mehr gibt.

Der Schmerz ist wieder da, brennend und pochend und unüberhörbar. Meine Angst nimmt wieder zu. Aus dem zuversichtlichen und selbstbewussten Menschen, der ich war, wird das wackelige Gerüst eines Menschen, der von Angst, Unsicherheit und Trauer bestimmt wird. Der Zeitpunkt, an dem unsere Beziehung zerbricht, ist für mich ein wirklich schlechter.

Als ich eines Morgens aufwache, kann ich nicht aufstehen. Ich sehe an die weiße Decke, durch die geschlossenen Jalousien dringen Sonnenstrahlen. Warum soll ich aufstehen? Pflichtgefühl? Ich fühle mich, als wäre ich hundert Jahre alt, als hätte ich alles gesehen. Was soll in meinem Leben denn noch auf mich warten? Und vor allem: Was soll das für ein Leben werden, in dem ich mich für immer an den Tod meines Vaters und den Tod meines Bruders erinnern werde?

Der Gedanke lässt mich verzweifeln. Dieser Schmerz wird für immer in mir bleiben, wie soll ich damit leben lernen? Dass ich mich dem jetzt auch noch ganz alleine stellen muss, dass der Mann an meiner Seite nun in meinen Augen zu einem Verräter wird, gibt mir den Rest. Ich drehe mich zur Seite. Vier Tage lang bleibe ich im Bett, stehe nur auf, um auf die Toilette zu gehen und um mir ein wenig Wasser zu holen. Ich schreibe meiner Chefin, dass ich krank bin und dann schalte ich mein Telefon aus. Ich rede mit niemandem. Ich esse nicht, ich lese nicht, und ich sehe nicht fern. Ich dämmere dahin und schlafe und schlafe und schlafe, und nur anfangs weine ich noch, irgendwann mache ich nicht einmal mehr das.

Mir fehlt die Kraft, mich meinem Leben zu stellen. Wenn in meinem Kopf Bilder auftauchen, von meinem Vater, wie er mich das letzte Mal in den Arm nimmt oder von Till, der in seinem Bett liegt, oder von Oskar, wie er auf eine Party geht, wälze ich mich auf die andere Seite und schlafe wieder ein. Ich wünsche mir jedes Mal, dass ich nicht wieder aufwache, und jedes Mal wache ich wieder auf.

Nach vier Tagen tut mir von dem ständigen Liegen mein Körper weh. Der körperliche Schmerz beginnt wichtiger zu werden als der seelische. Ich stehe auf und gehe ins Badezimmer und wasche mein Gesicht. Ich sehe mich an, ich erkenne mich nicht wieder. Alles ist wie in Watte gepackt, in mir ist nichts, ich bin teilnahmslos, immer noch in einem leichten Dämmerzustand. Aber ich lege mich zumindest nicht mehr ins Bett. Ich esse eine Suppe, und dann rufe ich meine Mama und meine Freundinnen an, die sich Sorgen gemacht haben.

Ich ziehe mir eine weite Joggingjacke an und die Kapuze über den Kopf, und dann haste ich zu meinem Auto und fahre damit ganz langsam ins Burgenland. Als ich von Güssing auf die einsame Landstraße abbiege, erinnere ich mich daran, wie ich Oskar das erste Mal mit nach Hause genommen habe. Die Welt hier gehört mir, murmle ich vor mich hin. Ich entscheide, wie weit deine Macht reicht. Hier bin ich zu Hause, und hier kann mir nur wehtun, wem ich es gestatte.

Ich bleibe eine Woche. Sonst rede ich mit meiner Mama über alles, aber diesmal kann ich in den ersten Tagen mit niemandem reden, auch nicht mit ihr oder Renate, also sitze ich in meinem Zimmer oder gehe spazieren. Eines der schwierigsten Dinge an der Trennung von Oskar neben dem Vertrauensbruch ist, dass er mir das Warum nicht beantwortet. Es ist das dritte Mal in meinem Leben, dass ich von einem so wichtigen Menschen ohne eine Antwort auf das Warum verlassen werde.

Wieder zurück in Wien, verschließe ich mich immer mehr, in mir ist immer weniger Interesse, mit Freunden über meinen Vater und meinen Bruder zu reden. Mir fällt eine Geschichte ein, die meine Mama mir einmal erzählt hat: In ihrem Singkreis im Dorf ist eine Bekannte, deren Schwester kurz vor Tills Tod gestorben ist. Eines Abends, nach dem Singen, fragt meine Mama sie, wie es ihr geht. Sie antwortet: » Es geht mir so, wie die anderen wollen.«

Es geht mir so, wie die anderen wollen. Und weil die anderen wollen, dass es mir gutgeht, rede ich weniger mit ihnen. Ich will niemanden langweilen. Ich langweile mich selbst.

Stattdessen werde ich wütend, zynisch und sarkastisch. Ich gehe viel weg, trinke viel, habe viele Affären. Ich werde ein Meister darin, meine innere Zerrissenheit zu kaschieren und Distanz zu mir selbst aufzubauen. Männer kennenzulernen, fällt mir leicht, ich kann witzig sein und nett und charmant, und mich selbst staunend dabei beobachten. Noch in der Nacht haue ich die meisten wieder aus der Wohnung. Ich brauche nur die kurze Selbstbestätigung, aber ich will ihnen auf keinen Fall mein Leben zeigen, nichts mit ihnen teilen, auch nicht das Bett, um darin zu schlafen, oder am Morgen einen Tee.

Ich konnte immer gut mit mir alleine sein, aber plötzlich fühle ich mich dabei nicht mehr wohl. Auf der anderen Seite ertrage ich Menschen immer weniger, ich halte die meisten für hohl und ignorant. Sie haben nichts zu sagen und sagen gleichzeitig zu viel.

In mir sind Widerstand, Trotz und Ungeduld gegenüber allem und jedem und dazu eine stete Unsicherheit. Ich finde keinen Ruhepol mehr und keine Ausgeglichenheit.

Es ist eine furchtbare Zeit. Was mir ein wenig hilft, ist meine Arbeit. Ich stürze mich darauf, es wird eine Art Insel, wo ich alles andere vergessen kann und mich für kurze Zeit wieder normal fühle. Doch sobald ich wieder zu Hause oder aus dem Büro draußen bin, ist die Sicherheit weg.

Immer mehr lade ich meine Wut bei meinen Freunden ab, am härtesten trifft es Renate. Erst Jahre später wird uns klar, dass ich meinen Ärger ausgerechnet bei ihr so ungefiltert auslassen konnte, weil ich in meinem tiefsten Innersten weiß, dass sie der Mensch ist, bei dem ich sicher bin. Der Mensch, der mich nie verlassen wird.

Oskar hat mich schon verlassen, auf ihn kann ich zwar wütend sein, aber davon habe ich nichts. Meine Mutter und meine Brüder muss ich beschützen. Renate ist mein Punchingball. Wenn ich sie nicht am Telefon erreiche oder sie keine Zeit für mich hat, bin ich verärgert und gekränkt. Das ist sehr schwer für sie. Sie weiß, wie schlecht es mir eigentlich geht, auch wenn ich versuche, das zu überspielen. Sie leidet mit mir. Sie will mir helfen und für mich da sein und weiß nicht, wie sie das machen soll. Also verzeiht sie mir alle meine Ausbrüche.

Sie hat viel Geduld, und sie ist der netteste, schlauste und liebste Mensch, den ich kenne, aber nach einigen Monaten hat sie die Nase gestrichen voll. Ich auch.

Wir wohnen nur wenige Gassen voneinander entfernt und treffen einander in einem Lokal in der Nähe der Wohnungen. Beide kommen wir schon geladen hin, nach der Begrüßung tauschen wir weiter keine Nettigkeiten aus. Schnell sind wir bei gegenseitigen Beschuldigungen, die Lautstärke nimmt zu, der Alkoholkonsum auch. Wir haben uns eine Menge zu sagen, wir müssen uns aber auch eine Menge anhören.

Es ist nicht einfach, aber es klärt die Luft zwischen uns. Wir weinen und lachen, schreien uns an und schweigen auch einmal eine Viertelstunde. Ich weiß heute nicht, wie ich die Zeit damals ohne Renate überstanden hätte, und ich will es mir auch nicht vorstellen.

Wenige Wochen nach unserer Aussprache kommt sie eines Mittags überraschend vorbei. Sie hat einen Schlüssel zu meiner Wohnung, und sie will mir etwas bringen. Zuvor war sie schon länger nicht mehr da, und nun ist sie schockiert. Am Abend war ich unterwegs, ich nehme einen Mann mit, den ich in der Früh aus der Wohnung werfe. Überall stehen leere Flaschen, als Renate Zigarettenstummel auf dem Boden sieht, fällt mir ein, dass der Aschenbecher hinuntergefallen ist und ich alles unter die Couch geschoben habe. Renate hat genug. Sie schickt mich unter die Dusche, bestellt Pizza, räumt auf und dann hat sie etwas zu sagen. Eine Menge zu sagen.

Eine halbe Stunde lang wäscht sie mir den Kopf: Die Trauer sei gerechtfertigt, auch, dass ich wütend bin, und auch, dass ich mit niemandem reden wolle. Aber das hat nun ein Ende. Die Phase, in der ich ohne Rücksicht auf mich selbst und alle anderen getan habe, was mir gefällt, ist vorbei, beschließt sie. Sie hat recht. Ihre Rede hinterlässt Eindruck.

Renate wird selten ungeduldig mit mir, aber wenn sie es tut, nehme ich es lieber ernst. Ich erschrecke, wenn ich daran denke, wie ich mich verändert habe. Was machen diese Todesfälle aus mir? Ich will kein abgebrühter bösartiger Mensch werden, der kein Mitgefühl mehr mit anderen hat, der seine Gefühle einschließt und orientierungslos durch das Leben wankt. Ich will wieder ehrlich fröhlich sein und nicht ausschließlich so zynisch-lustig.

Eine Woche lang trage ich ihre Worte mit mir herum. Ich rede mit meiner Mama und denke nach. An einem Dienstagabend fange ich an, meine Wohnung aufzuräumen. Ich klebe alte Fotos in Alben, ich sortiere die CDs, auf denen mein Vater singt und spielt. Währenddessen rede ich die ganze Zeit vor mich hin. Ich durchbreche mein bleiernes Schweigen, indem ich anfange, mit dem Menschen zu reden, den es als ersten angeht: meinem Papa. Ich beschließe, dass es mir egal ist, dass er nicht antwortet. Nachdem ich ihn ohnehin so gut kenne, kann ich mir seine Antworten auch selbst denken.

Der Abend lehrt mich eine Menge. Jeder hat einen Überlebenstrieb in sich, und an diesem Abend schaltet sich meiner ein. Selbstgespräche sind auch heute noch ein wichtiger Weg für mich, Dinge in meinem Kopf zu ordnen, und eine Möglichkeit, meine Wut oder Trauer nach außen zu lassen. Es ist anstrengend, aber meist reinigend. Damals ist dieser Abend mein erster aktiver Schritt in mein verändertes Leben.

Und der erste Schritt, bei dem ich anfange, für mich selbst zu verstehen, warum mein Vater gestorben ist.

25 SUIZID

Als klar war, dass ich Journalistin werde, gibt mir mein Vater die Bücher von Hunter S. Thompson zu lesen. Thompson ist der Begründer des Gonzo-Journalismus: der Schnittstelle von Journalismus und Literatur. Entgegen den journalistischen Regeln muss nicht objektiv berichtet werden, Subjektivität ist erwünscht. Es vermischen sich reale, autobiographische oder fiktive Erlebnisse zu fantastischen Geschichten. Thompson ist der Star vieler Generationen von Journalisten, er wird auch zu einem meiner Vorbilder.

Mit 67 Jahren schießt sich Thompson in den Kopf. Das war 2005. Er ist damals genauso alt wie mein Vater, als er stirbt. Anstatt sich in den Hof zu legen, setzt er sich an seinen Schreibtisch und erschießt sich. Nach dem Tod meines Vaters lese ich das nach, und als ich mich unwillkürlich frage, auf welche Stelle seines Kopfes Thompson gezielt hat, wird mir schmerzlich bewusst, was sich da in mir verändert haben muss.

Unter den Sachen meines Vaters finde ich eine Menge Zeichnungen und Unterlagen über Kopfschüsse: Wo ist die beste Einschussstelle? Wie ist man sofort tot, entstellt aber nicht sein

Gesicht? Er hat sich gut vorbereitet. In der Welt, die nach seinem Tod für mich explodiert, in dieser Mischung aus Wut und Trauer, aus Frust und Aufregung, ist da eine liebevolle Dankbarkeit: dafür, dass er uns davor bewahrt hat, ihn mit halb zerrissenem Schädel sehen zu müssen.

Nun frage ich mich, ob sich Thompson vorher auch solche Gedanken über den Einschusswinkel gemacht hat wie mein Vater. War es ihm egal? Und wer hat ihn gefunden? Sein Sohn sagt später, Thompson habe den Suizid lange geplant, auch angekündigt, getrieben vor allem von dem Wunsch, selbst den Zeitpunkt bestimmen zu können, an dem sein Leben endet.

Die Angst vor dem Kontrollverlust deckt sich mit der Argumentation meines Vaters, der auch immer wieder betont hat, selbst bestimmen zu wollen, wann und wie er stirbt. Er hat sich oft Gedanken über seinen Tod gemacht, und er hat sie uns auch des Öfteren mitgeteilt. Es gab unter all den vielen Zitaten, die er uns dann und wann an den Kopf warf, zwei, die er immer wieder unter dem belustigten Augenrollen der anderen Familienmitglieder von sich gab. Eines der beiden ein abgeändertes Samuel-Beckett-Zitat aus »Warten auf Godot«: »Wir gebären rittlings über dem Grabe« (im Original: »Ihr gebäret rittlings über dem Grabe«).

»Die Zeit zu leben, Saskia, ist nur eine winzig-kurze, sie ist geborgt, und wir kommen und gehen in Unbekanntes.«

Ihn hat die Vorstellung unglaublich fasziniert, dass wir in dem Moment der Geburt beginnen zu sterben, geboren »rittlings über dem Grabe«, dass ab diesem Moment eine Uhr anfängt zu ticken, die unsere Lebenszeit bemisst, und niemand kann vorausahnen, wann sie zu Ende ist. Außer das Ende wird selbst gewählt.

Eine der Ängste, die mein Vater hat, ist die, als Scheintoter begraben zu werden. Es ist einer seiner wiederkehrenden Albträume, aus denen ihn meine Mutter wecken muss. Die Angst nennt sich Taphophobie, das weiß ich nur zu gut, er hat es uns jahrelang eingeimpft.

Wir mussten ihm versprechen, dass wir an seinem Grab eine sogenannte Scheintod-Klingel installieren: Dem Toten wird dabei ein Strick um die Hand gebunden, dieser ist verbunden mit einem Glöckchen oben auf dem Grab. Bei der leisesten Bewegung des Leichnams ertönt dann ein Klingeln – und man kann ihn schnell ausgraben. Doch das mit dem schnell ist so eine Sache, denn abgesehen davon, dass es heutzutage sehr unwahrscheinlich ist, als Scheintoter begraben zu werden, liegt unser Friedhof äußerst abgelegen, und einen Friedhofswärter gibt es schon lange nicht mehr. Mein Vater hätte schon sehr viel Glück haben müssen, dass sich ausgerechnet dann jemand an seinem Grab aufhält, wenn er wieder zum Leben erwacht.

Doch wir bringen eine solche Klingel gar nicht erst an, und das hat nichts mit mangelndem Respekt vor seinem letzten Willen zu tun, sondern damit, dass er es sich in späteren Jahren anders überlegt hat. Er wolle eingeäschert werden, teilt er uns wenige Jahre vor seinem Tod mit, damit sei die Möglichkeit des Überlebens gar nicht erst gegeben. Zuvor hat er in Erwägung gezogen, dass ihm ein Arzt die Pulsadern aufschlitzen soll, wie es Hans Christian Andersen verfügt hat, und er hat natürlich auch angedacht, ob er es wie Bertold Brecht halten soll, der befohlen hat, dass man ihm nach dem Tod das Herz mit einem finalen Herzstich durchbohren solle.

Nach seinem Tod, schwebt meinem Vater vor, sollen wir seine Asche dann auf unserem Land und über den Gemüsegarten und den Obstgarten verstreuen – was wir nicht nur als illegal, sondern auch als eklig abgetan haben.

»Dann kann ich weiterleben. In die Erde, aus der Erde. Verstehst du das nicht, Saskia?«

»Hm, doch, Vater, ich als deine TOCHTER verstehe gut, dass du in etwas weiterleben willst, aber: Hallo?!«

»Aus mir wird dann etwas Neues entstehen, und ich werde in Neuem sein und kann darin weiterleben.«

»Papa, das verstehe ich ja, aber …«

»Du bist noch jung, das macht dir keine Gedanken, aber es gibt mir etwas Trost, dass …«

»Vater, da vergisst du aber etwas! Du hast doch uns Kinder, wie kannst du denn da lieber in einer stumpfen Tomatenpflanze weiterleben wollen?«

»Hm, weiß auch nicht, vielleicht weil sie nicht so stur und bockig ist wie meine liebe Tochter?«

»Pfff, das kannst du vergessen. Ich werde dich bestimmt nicht auf die guten Tomaten streuen, und dann muss ich das essen, igitt.«

»So weit reicht also deine Vaterliebe, ja? Hier ist also Schluss?«

»Ich fürchte, mehr kriegst du nicht. Du musst dich wohl oder übel damit abfinden, dass du in uns weiterlebst.«

»Das ist bitter. Gut, dann setz dich, wir haben noch eine Menge zu tun.«

Pause. Beidseitiges Grinsen.

»Gut, wie du willst, Papa, wir streuen dich auf die Tomaten.«

Natürlich machen wir das nicht. Die Urne kommt in das Grab und steht neben dem Sarg meines Bruders.

Nach seinem Tod lese ich den Abschiedsbrief von Thompson, und dann klebe ich ihn in mein schwarzes Moleskine-Notizbuch, in dem ich alles Mögliche notiere.

»No More Games. No More Bombs. No More Walking. No More Fun. No More Swimming. 67. That is 17 years past 50. 17 more than I needed or wanted. Boring. I am always bitchy. No Fun – for anybody. 67. You are getting greedy. Act your old age. Relax – This won't hurt.«

Thompsons Tod erscheint mir fast natürlich. Als ob Männer, die immer so nahe am Extrem leben, das im Tod auch tun müssen. Ich lese nach. Berühmte Selbstmörder. Darüber gibt es im Internet haufenweise Listen. Viele der Genannten sind Künstler, Musiker, Schriftsteller, Journalisten, Schauspieler, Politiker. Adalbert Stifter, Vincent van Gogh, Virginia Woolf, Stefan Zweig, Marilyn Monroe, Judy Garland, Kurt Cobain, David Foster Wallace, Gunter Sachs, Ian Curtis, Ernest Hemingway.

Ich treffe Gernot Sonneck, der lange mit Erwin Ringel, dem bekanntesten deutschsprachigen Suizidforscher, gearbeitet hat und als dessen Nachfolger das Institut für Medizinische Psychologie in Wien leitet. Ein exzessives Leben, ein ungeregelter Tagesablauf könne Depressionen unterstützen, die wiederum Suizidgedanken verstärken können. Das hätten diese

Berufsgruppen gemein, sagt er, und doch hat das nichts zu sagen.

Ich beginne, mich mit einem Thema zu beschäftigen, das mich bisher nicht interessiert hat. Es wird immer mehr zu einem bestimmenden in meinem Leben. Der Suizid als fixe Denkaufgabe.

Ich lerne, dass mein Vater so ungefähr alle Merkmale vereint, die Untersuchungen hergeben. Je älter Männer werden, desto größer wird die Wahrscheinlichkeit der Selbsttötung, das Risiko, an Suizid zu sterben. Und es gibt einen großen Geschlechterunterschied: Unter 70-jährigen Männern ist der Suizid etwa dreimal so häufig wie bei Frauen gleichen Alters – obwohl mehr Frauen als Männer an Depressionen leiden.

Das machen Soziologen in diversen Studien daran fest, dass Männer immer noch als »starkes Geschlecht« gelten. Die Netzwerke sind bei Frauen eher ausgeprägt, das Sozialleben ist stärker. Männer suchen sich seltener Hilfe oder sprechen weniger über emotionale Probleme. Sie gestehen sich diese vielfach nicht einmal ein. Wer Konflikte sein ganzes Leben lang nur mit sich selbst gelöst hat, für den wird das Verarbeiten eines Verlustes dann immer unmöglicher, heißt es. Mein Vater hat seine Sorgen und Probleme immer mit sich selbst ausgemacht, und dann stirbt sein Sohn, unter seiner Obhut.

Meinem Vater ist Kontrolle sehr wichtig. Sie gaukelt ihm Sicherheit vor. Stück für Stück gibt er in seinem Leben Kontrolle ab, er ist ein starker Mann, er kann damit umgehen, auch wenn es dauert. Er akzeptiert langsam, dass seine Kinder erwachsen werden, dass sein Körper nicht mehr so funktioniert wie in seinen Zwanzigern. Doch als Till stirbt, ist der Kontrollverlust zu groß. Er war an diesem Tag für ihn verantwortlich, und obwohl er doch die Kontrolle hat, geschieht das denkbar Schlimmste: Sein Sohn stirbt, und er hat nichts dagegen unternommen, hat nichts unternehmen können. Ich glaube nicht, dass er je darüber hinweggekommen ist. Und vielleicht hat er versucht, sich mit seinem selbstbestimmten Tod einen Teil dieser Kontrolle zurückzuholen.

Etwa einen Monat bevor mein Vater stirbt, geht er zu seinem Arzt. Er will sich durchchecken lassen. Sagt er. Eine Woche vor seinem Tod kriegt er die Ergebnisse. Er sei supergesund, sagt der Arzt. Die Blutwerte, die Cholesterinwerte, seine Kondition: Es könnte gar nicht besser laufen. Körperlich. Ich gehe nach dem Tod meines Vaters einmal zu dem Arzt, um etwas über dieses letzte Gespräch zu erfahren, da erzählt er mir das. Er weint, als ich bei ihm bin. Er weint, weil er es nicht kommen gesehen hat. Mein Vater sei einer seiner heitersten Patienten gewesen, sagt er, sie hätten noch herumgeblödelt, und er hätte ihn in bester Erinnerung behalten. Er kann nicht glauben, dass er sich so hat täuschen lassen.

Sechzig bis siebzig Prozent aller Männer gehen kurz vor ihrem Suizid zu einem Arzt. Meist unter einem Vorwand, wie dem einer Vorsorgeuntersuchung. Sie hoffen, dass der Arzt zu ihnen sagt, es muss Ihnen doch furchtbar gehen, kann ich Ihnen helfen, was kann ich für Sie tun? Sie können sich keine Hilfe suchen, weil sie so schwer auf jemanden zugehen können. Mein Vater hätte nie zu mir, meiner Mutter oder zu einem meiner Brüder gesagt, mir geht es fürchterlich schlecht, ich will nicht mehr leben, bitte, helft mir. Er hofft, dass es der Arzt erkennt. Aber das tut er nicht.

Ein Grund, warum mehr Frauen als Männer ihren Suizid überleben, mag zum Teil daran liegen, dass sie eher Todesarten mit einer höheren Wahrscheinlichkeit auf ein Überleben wählen. Sie schlucken Tabletten, während sich Männer erschießen oder erhängen. An dritter Stelle liegt bei beiden Geschlechtern der Sprung aus der Höhe. »Wenn man ein hohes Gebäude baut, wird jemand hinunterspringen«, sagt Sonneck. Wenn man vor einem Fenster einen Balken installiert, dann sinkt das Risiko, dass jemand springt – egal, wie einfach der Balken zu umgehen wäre. Das Gefühl, dass sich jemand doch um einen sorgt und kümmert, hält in vielen Fällen vom Suizid ab.

Als ich einmal nach der Arbeit mit einem Kollegen noch auf ein Bier gehe, sagt er zu mir, dass jeder Selbstmörder dankbar wäre, wenn man ihn aufhielte. Mein Vater wäre jetzt dankbar, würde er noch leben. Wieso hätte ich es nicht verhindert? Er sagt es mir auf den Kopf zu.

Wieso habe ich es nicht verhindert? Wäre ich an dem Wochenende nach Hause und nicht schwimmen gefahren, wäre vielleicht nichts passiert. Wenn ich mir vorstelle, wie mein Vater allein in seinem Zimmer sitzt, wie er verzweifelt, seufzt, aufsteht, die Waffe nimmt und in den Hof geht, schnürt mir das die Luft ab. So weh tut das.

Weltweit tötet sich alle vierzig Sekunden ein Mensch selbst. Knapp 10 000 sind es pro Jahr in Deutschland, in der Schweiz sind es bis zu 1500 Menschen. Österreich hat eine traditionell hohe Suizidrate, seit 1987 geht sie zum Glück zurück. Für das Jahr 2008 vermerkte die österreichische Statistik einen historischen Tiefstand an Freitoden, 1280 Menschen nahmen sich das Leben. Mein Vater war einer von ihnen.

Er hat dafür gesorgt, dass ich eine beschützte, fröhliche Kindheit habe; eine glückliche Familie – mit den besten Eltern und tollen Brüdern.

Dennoch werde ich manchmal furchtbar wütend. Dann kann ich nicht akzeptieren, dass er mich, meine Mutter, meine Geschwister alleingelassen und sich davongestohlen hat. So ist das. Der Freitod macht den Unterschied. Es bleibt eine Schuldfrage, auch wenn niemand Schuld hat. Mein Vater hatte das Recht, zu entscheiden, wann er stirbt. Dass er am Ende seines Lebens so verzweifelt und traurig gewesen sein muss, wird immer wehtun.

26 SCHULD

Ich werde mich nie erschießen. Selbst wenn ich je damit geliebäugelt hätte, hat mein Vater dafür gesorgt, dass ich mich nie werde töten können.

Ich glaube, wer einmal gespürt hat, was ein Suizid für die Hinterbliebenen bedeutet, wird sich selbst nicht töten. Das Furchtbare liegt in so viel mehr, als man es in Worte fassen könnte. Als mein Vater sich in unseren Hof gelegt und in den Hinterkopf geschossen hat, war das der größte Vertrauensbruch überhaupt.

Ich weiß, dass er auch dachte, er ist uns eine Last, und ich weiß, dass er angenommen hat, wir wären sicher ein paar Monate traurig, aber dann erleichtert.

Er hat noch nie so falsch gelegen.

Nur weil ich jetzt damit leben kann, ist es nicht wieder gut. Und es wird auch nie wirklich gut werden.

Irgendwann werde ich Kinder haben. Ich habe manchmal Angst davor, weil ich nicht genau weiß, ob ich glücklich sein werde, wenn ich sie das erste Mal im Arm halte – oder traurig, weil mein Vater sie nie kennenlernen wird. Bis mein Vater tot war, habe ich mir nie Gedanken darüber gemacht, ob und wie ich einmal heiraten will – bis klar war, dass es jedenfalls nicht mein Vater sein wird, der mich in eine Kirche führt.

Es tut nicht nur weh, was fehlt, es tut auch weh, dass alles zerstört ist, was hätte sein können.

Früher wünschte ich mir in tiefster Verzweiflung manchmal eine Beschwerdestelle für das Jenseits. Einen Ort, an dem man wenigstens gehört wird. Wo ist der Schalter für die Reklamationen an das Schicksal? Wo all der Ärger, die Wut und Verzweiflung angebracht werden können, für all die Todesfälle, mit denen es noch abzurechnen gilt.

Denn da gibt es welche, die lassen einen mit einer solch ohnmächtigen Wut zurück ohne die Möglichkeit, sie irgendwo abzuladen. So bleibt sie in einem und um einen herum. Und sie richtet sich auch gegen einen selbst.

Bei einem Suizid ist da einmal die Wut auf denjenigen, der einen im Stich gelassen hat. Aber da ist auch die Wut auf sich selbst, dafür, dass man vielleicht etwas übersehen hat, etwas überhört hat, oder dafür, dass einen vielleicht ein Teil der Schuld trifft. Bin ich schuld, dass mein Vater tot ist?

Das Gefühl des Versagens ist groß in den Jahren nach seinem Tod. Mein Selbstbewusstsein ist tief erschüttert. Ich zweifle an meiner Wahrnehmung. Es ist eine selbstverständliche Annahme, dass die Menschen um mich herum leben und nicht sterben wollen, und sein Tod dreht also dieses tiefste innere Prinzip um. Alles steht damit Kopf.

Es heißt, dass es nichts Schrecklicheres gibt, als wenn Kinder vor ihren Eltern sterben. Weil es so widernatürlich ist. Weil kein Vater und keine Mutter die eigenen Kinder begraben sollte. Es kann sein, dass das stimmt. Ich weiß es nicht, aber ich habe auch noch keine Kinder. Wenn ich an Till's Tod denke, spüre ich nur große Trauer und Sehnsucht. Bei meinem Vater ist das viel schwieriger, und das liegt an der Art, wie er gestorben ist, aber auch daran, wer er in seinem Leben für mich war.

Eltern sind die ursprünglichste Basis für ein Kind. Alles orientiert sich irgendwie und irgendwann an diesen beiden Menschen – selbst wenn sie fehlen. Therapeuten sagen, die ersten drei Lebensjahre sind für Menschen die prägendsten, egal, was danach noch passiert, es wird nie wieder so nachhaltig Eindruck hinterlassen wie diese ersten sechsunddreißig Monate.

Es ist furchtbar schwer, immer eine Grenze zu ziehen zwischen dem erwachsenen Menschen, der man geworden ist, und dem Kind, das man irgendwie bleibt.

Wenn ich meine Mama zu Hause besuche, falle ich in merkwürdige kindliche Verhaltensweisen zurück. Bei meinem Freund und meinen Freundinnen ist das ähnlich. Wenn also der wichtigste und prägendste Mann in meinem Leben mir die schlimmste Wunde überhaupt zufügt, was bedeutet das dann?

Was bin ich dann wert?

Ich kann sehr gut verstehen, dass ein Mensch selbst entscheiden möchte, wann und wie er stirbt. In meinem Kopf hat kein Bild Platz, in dem mein stolzer und starker Vater entmündigt mit Kabeln und Schläuchen auf einem Bett liegt. Das war seine Hölle. Und so bleibt Respekt vor seiner Entscheidung in mir. Aber dennoch befürchte ich, dass die Tochter, die ich bin, niemals wird akzeptieren können, dass mein Vater beschlossen hat, freiwillig zu sterben.

Ich kann die Grenze in mir nicht finden, und das führt zu einer inneren Zerrissenheit. Mein Vater hat sein Leben vom

Moment meiner Geburt an mit mir geteilt, und dass er mich bei seinem Tod nicht miteinbezogen hat, wird mich immer vor den Kopf stoßen. Wieso hat er sich mir nicht anvertraut? Wieso hat er nicht noch ein paar Jahre gewartet? Was habe ich übersehen?

Meine Mama erzählt mir später, dass er sich im letzten halben Jahr fast ausschließlich Katastrophenfilme angesehen hat: Dokumentationen über den Zweiten Weltkrieg, Umweltkatastrophenthriller und Ähnliches. Das wusste ich nicht, aber ich wusste schon, dass er immer depressiver wurde. Es war immer schwerer, ihn aus seiner Trübsal herauszuholen und auf andere Gedanken zu bringen.

Nach seinem Tod, sagt meine Mama, habe sie zunächst einmal einen kurzen Anflug von Erleichterung verspürt: weil sie selbst zu Tode erschöpft und mit ihrer Energie am Ende war. Ihn ständig mitzuziehen, ihn ständig aufmuntern zu wollen, gegen eine Wand anzureden, die wie ein schwarzes Loch allen Optimismus verschluckt – das muss unglaublich schwer gewesen sein.

Jede Hilfe, die ihm angeboten wurde, hat er abgelehnt, der Vorschlag, eine therapeutische Behandlung anzunehmen, mit einer verärgerten-verächtlichen Handbewegung weggewischt.

Er ist die meiste Zeit nur noch zu Hause, in seinen Räumen, auch körperlich immer gebrechlicher. Einmal sagt Christoph zu ihm, »Es wird Zeit: Raus aus deiner Höhle, Löwe!« – in Anspielung darauf, dass mein Vater von Sternzeichen Löwe ist. Mein Vater wird furchtbar wütend. Er brüllt Christoph an, niemand habe ihm zu sagen, was er zu tun hätte und was das Beste für ihn wäre. Dann schmeißt er ihn aus dem Haus.

Später lese ich über das präsuizidale Syndrom nach, der Forschung von Erwin Ringel. Darin heißt es, in den meisten Fällen gehen einer Suizidhandlung drei Merkmale voraus: Einengung, Aggressionsumkehr und Suizidphantasien.

Im Nachhinein erkenne ich bei meinem Vater zwei von drei Punkten. Die Einengung bedeutet, dass der Betroffene immer weniger Wahlmöglichkeiten in seinem Leben sieht. Er befindet sich in einer Art Tunnel, in den er sich zurückzieht, wo er immer weniger Reize der Außenwelt zulässt und sich stattdessen immer stärker auf den vermeintlich rettenden Tod konzentriert. Mein Vater hat immer weniger gesprochen, er hat sich von uns nur schwer und selten mitziehen lassen. Ausflüge hat er abgelehnt, Gespräche waren kaum noch auf eine lockere Plauderebene zu heben.

Suizidphantasien heißt, der Betroffene flüchtet immer mehr in die Irrealität. Er baut sich eine Scheinwelt auf, in der Gedanken an den Tod und schließlich an Suizid eine immer größere Rolle spielen. Ich könnte mir vorstellen, dass das immer häufigere Ansehen von Katastrophenfilmen, also dem Bauen einer erschreckenden Wirklichkeit, dieses Symptom bei meinem Vater erzeugt hat.

Die Aggressionsumkehr erkenne ich nicht, aber ich bin ja auch kein Arzt. Im Nachhinein ist es einfach, Zeichen zu sehen und sie zu deuten. Während sie passieren, sind sie selten stringent, sie passieren ja nicht nach Lehrbuch – und so viel, wie ich heute über das Thema Suizid weiß, wusste ich damals nicht. Natürlich nicht.

So bleibt trotz all dieser Fragen »Schuld« ein Wort, mit dem ich nicht viel anfangen kann. Bei Wut, Freude oder Trauer ist

in mir sofort ein Gefühl, es fällt mir leicht, die Wörter zuzu-
ordnen. Bei Schuld spüre ich zunächst einmal gar nichts.

Jeder kann bei jedem Fehler machen. Ich kann Dinge über-
hören, ich kann über etwas lachen, was dem anderen aber
sehr ernst ist, ich kann etwas sagen, was ihn verärgert – ich bin
mir sicher, dass ich all das bei meinem Vater das eine oder andere Mal getan habe. Aber ausgehend von dem Rahmen, dass
es keine Option ist, dass er sich plötzlich eine Kugel in den
Kopf jagt. Hätte ich nämlich damals mit dieser Option gelebt,
wäre ich wie auf Eierschalen durch mein Leben gegangen.

Es gibt für mich ein *missing link* zwischen dieser großen Verzweiflung und dem Wunsch zu sterben auf der einen und der
Selbsttötung auf der anderen Seite. Ich kann das *missing link*
bei meinem Vater nicht benennen, und vielleicht ist das ja
auch gut so.

Insofern, ja, ich glaube, dass viele die Schuld am Tod meines Vaters tragen. Ich auch. Aber es ist eine vernachlässigbare
Schuld. Es ist die Schuld eines jeden Augenblicks in einem
siebenundsechzig Jahre langen Leben, in dem immer auch
etwas hätte anders sein können.

Insofern, nein, ich glaube, es gibt hier keine Schuld. Mein
Vater hat entschieden zu sterben, und ich werde das respek-
tieren. Ich weiß, dass er diese Entscheidung nicht leichtfertig
getroffen hat, ich kenne ihn, und ich weiß, dass er aus Gründen, die nur er bis ins Letzte verstehen wird, entschieden hat,
an diesem Tag zu sterben.

Ich verstehe jetzt, dass es hier keine Schuld gibt. Da gibt es
nur den harten Kampf um das Verstehen und die Suche nach
dem Warum.

27 SPRACHE

Seit dem 7. Juli 2008 gehören Gespräche dieser Art zu meinem Leben: »Was macht dein Vater so?« »Mein Vater ist tot.« »Oh. Das tut mir leid. Woran ist er gestorben?« »Er hat sich erschossen.«

Das ist ein echter Stimmungskiller.

Ich tue mich immer noch schwer damit, es auszusprechen, was weniger daran liegt, dass ich ein Problem damit habe, als vielmehr daran, dass ich mein Gegenüber gar nicht erst unvorbereitet in diese Situation bringen will. Die meisten sind entsetzt, irritiert, verunsichert. Nach dieser Aussage geht es im Gespräch nur schwer wieder bergauf. Fast jedes Mal ist die Unterhaltung bald darauf beendet, und ich gehe mit diesem schalen Geschmack im Mund, dass ich besser nichts gesagt hätte, dass ich für den anderen nun nur so in Erinnerung bleiben werde: als die Tochter eines Selbstmörders.

Die Leute erwarten ein »Er hatte Krebs« oder »Er hatte einen Herzinfarkt«. Das wäre schlimm genug, ist aber kein gesellschaftliches Tabu. Auf »Er hat sich das Hirn weggeschossen« gibt es keine gängige Antwort, keine Allgemeinplätze. Was soll man auch sagen? Was den meisten als Erstes in den Sinn kommt, ist vermutlich »Warum?«. Das zu fragen erscheint den meisten als unhöflich, wobei es mir sogar am liebsten wäre, jeder würde einfach das sagen und fragen, was er sich denkt.

Anfangs war mein erster Gedanke immer, der Einfachheit halber zu lügen. Was macht es für einen Unterschied? Warum nicht »Er hatte einen Herzinfarkt«? Aber das geht nicht. Ich bin zu trotzig. Die Wahrheit ist, dass er sich erschossen hat. Es käme mir vor wie ein Verrat an ihm, würde ich lügen. Und wie ein Verrat an mir, nachdem es mich so viel Kraft und Zeit gekostet hat, damit leben zu lernen.

Dennoch bin ich bei manchen Reaktionen vor den Kopf gestoßen. Wenige Wochen nach dem Tod meines Vaters bin ich mit ein paar Bekannten ein Bier trinken. Wir reden kurz über den Tod, und dann beugt sich einer aus der Runde vor und sagt: »Weißt du, was ich denke? Dein Vater war einfach ein Arschloch. Jeder Gedanke, den du noch an ihn verschwendest, ist einer zu viel.« Ich solle ihn vergessen, etwas anderes verdiene er nicht.

Was antworte ich darauf?

Soll ich alle Gründe aufzählen, weswegen mein Vater kein Arschloch war? Werde ich dadurch nicht indirekt dazu gezwungen, mich zu verteidigen? Sind die Gedanken, die ich an und über meinen Vater habe, nicht mehr für mich als für ihn?

Suizid erschreckt und fasziniert zugleich. Die Leute wollen ihn einordnen können, damit sie sein Handeln verstehen. Meinen Vater abzutun, als Arschloch, als Held, als Depressiven – das macht es manchen leichter.

Es ist aber falsch.

Denn er ist gar nichts davon und von allem ein wenig.

Ein Bekannter meiner Mutter fragt sie wenige Monate nach dem Tod meines Vaters, warum sie denn nichts gesagt hat, wenn wir doch wussten, dass er depressiv war. »Da hätte man doch etwas machen können, oder?« Hätte man? Meine Mama sagt einmal zu mir, sie und mein Vater hatten eine stille Vereinbarung: Sie reden nicht mit Dritten übereinander. Und selbst wenn sie das gebrochen hätte, selbst wenn sie jemandem erzählt hätte, dass mein Vater depressiv sei – was wäre die Konsequenz gewesen? Ich finde, jeder Erklärungsversuch anderen gegenüber wird rasch zu einem Rechtfertigungsversuch.

Klar, haben wir unserem Vater gesagt, er solle zu einem Therapeuten gehen. Klar, haben wir ihm gesagt, dass wir ihn lieben, dass sich das Leben lohnt, dass er Hilfe annehmen soll.

Na und?

Ich ärgere mich über Journalisten, denen es bei diesem Thema und gegenüber den Angehörigen an Sensibilität mangelt. Die manchmal den mahnenden Zeigefinger erheben oder leichtfertig Ratschläge parat haben.

Dabei ist unschätzbar wertvoll, wie Medien über das Thema Suizid schreiben: Es kann nämlich über ein Steigen oder ein Sinken der Suizidrate entscheiden.

Boulevardblätter machen es gerne falsch. Sie nennen den Suizid Selbstmord, sie achten nicht auf die Sprache, im Gegenteil, sie versuchen möglichst emotional zu schreiben. Bei Prominenten knallen sie die vermeintliche Super-Meldung gleich auf das Cover, sie stellen den Suizid in Zusammenhänge, die sie an den Haaren herbeiziehen und die fast immer jeder Grundlage entbehren – ein Streuen von Gerüchten zur Steigerung der Auflage. »Beging sie Selbstmord aus Liebeskummer?« »Ist ER schuld an ihrem Tod?« »Deshalb erhängte sich XY«.

Je sensationsheischender, desto besser. Unreflektierte Details über die Suizidart, den Suizidort und ein Romantisieren (wie etwa ein »Nun sind sie ewig vereint«) oder ein Heroisieren (etwa »XY wählte einen besonderen Weg«) verstärken den Imitationseffekt. Menschen, die bisher nicht an den Suizid als Möglichkeit gedacht hatten, werden darauf aufmerksam gemacht, dass es diesen Weg auch gibt – und dann noch manchmal plus Gebrauchsanweisung.

Man nennt das den »Werther-Effekt«, weil es nach der Veröffentlichung von Johann Wolfgang von Goethes Roman »Die Leiden des jungen Werthers« im Jahr 1774 zu einer Welle von Suiziden gekommen war.

Doch Totschweigen ist auch keine Lösung, denn wichtig ist nicht, dass berichtet, sondern wie berichtet wird.

Qualitätsmedien versuchen es eher mit leisen Tönen, doch auch hier wird manchmal zu wenig darauf geachtet. Als etwa 2009 der deutsche Torwart Robert Enke stirbt, verlieren auch seriöse Zeitungen jede Hemmung. Da wird über alles Mögliche spekuliert, Interviews mit willkürlich aus Ecken gezerrten Experten werden geführt, fadenscheinige Zusammenhänge hergestellt.

Jede suizidpräventive Empfehlung wird in den Wind geschlagen, abwägende Zurückhaltung findet fast nirgendwo statt.

Es wird über mögliche Motivationen gerätselt, äußere und

innere Ursachen des Suizids »erklärt« und damit also jede nur erdenkliche Möglichkeit geschaffen, dem Leser eine Identifikation zu ermöglichen.

Fernsehsender hinken den Printmedien da keineswegs hinterher. Im Gegenteil: Unter dem Deckmantel der journalistischen Pflicht zur Information zeigen sie Aufnahmen, auf denen Enkes Frau an den Ort kommt, an dem sich ihr Mann gerade das Leben genommen hat. Relevanz, Persönlichkeitsschutz, Verantwortung, Konsequenzen – alles Schlagwörter, denen sich in den Redaktionen kaum jemand stellt.

Und Fehlentscheidungen haben hier schreckliche Konsequenzen. Im Fall Enke sind sie messbar: Nach der Berichterstattung über ihn sterben fast viermal so viele Menschen durch Selbsttötung an Schienen als zuvor. Viermal so viele.

Wäre jemand aufgrund des Verletzens der Sorgfaltspflicht für den Tod von vier weiteren Menschen verantwortlich, hätte das zu Recht weitreichende Konsequenzen. Bei Medien? Keine einzige. Die Verantwortung liegt hier immer bei der Zeitung nebenan, die ja noch ärger berichtet.

Doch jeder Fehler in der Suizid-Berichterstattung, jedes hastige und eilige Hinschreiben, jedes Detail, das ausgegraben wird und dann wie eine Trophäe auf der Titelseite präsentiert wird: All das kann einen Menschen das Leben kosten.

Dieser Verantwortung sollte sich jeder Journalist bewusst sein.

Ich mag etwa Satirezeitungen sehr gerne, doch auch hier gilt: Es kostet niemanden das Leben, wenn der Papst mit scheinbar angepinkelter Soutane gezeigt wird – wenn Scherze über Selbsttötung gemacht werden, vielleicht schon.

Ich lese einmal einen Artikel in einer Qualitätszeitung über einen Mann, der seine Frau und seine zwei Kinder tötet und dann sich selbst. Eine furchtbare Sache. Im Artikel stehen die salopp hingeworfenen Fragen: Warum hat niemand etwas bemerkt? Wieso hat niemand etwas getan?

Was bemerkt? Was getan? Wer bemerkt denn schon, dass ein Mann gleich seine zwei Kinder, seine Frau und dann sich selbst töten wird? Woran bemerke ich denn, dass jemand offensichtlich so ein furchtbarer Mensch ist, zu einem der denkbar schlimmsten Dinge fähig?

Ich wünschte mir, Journalisten würden ihre so gut klingenden Fragen, die sie leichtfertig hinschreiben, auch zu Ende denken. Natürlich lastet auf Journalisten ein enormer Zeitdruck, dazu kommt der Druck, den Wünschen der Chefebene gerecht zu werden und anderen Medien nicht hinterherzuhinken, außerdem oft auch noch eine Unsicherheit das Thema und den Umgang damit betreffend.

Mir fehlt im deutschsprachigen Raum eine konsequente und durchdachte Auseinandersetzung mit dem Thema Suizid.

Das wäre wichtig, weil Medien durch ihre Berichterstattung nämlich auch einen gegenteiligen Effekt erzielen können, den »Papageno-Effekt«, benannt nach der Figur Papageno in Mozarts »Zauberflöte«, der eine suizidale Krise bewältigt und überlebt.

Als Beispiel dafür gilt Anfang der achtziger Jahre etwa der Umgang von Österreichs Medien mit der Tatsache, dass der Ausbau der U-Bahn zu einem extremen Anstieg der Suizid-Rate führte – und die Berichterstattung über diese Suizide zu einem erneuten Anstieg. Ärzte und Psychologen erstellen damals journalistische Richtlinien, halten eine große Pressekonferenz ab und schicken die Richtlinien an sämtliche Redaktionen. Und tatsächlich zeigt die sensibilisierte Berichterstattung Erfolge: Die Suizide in Wien gehen insgesamt drastisch zurück, nicht nur die U-Bahn-Suizide.

Eine nachweislich positive Wirkung auf die Suizidrate haben Berichte von Menschen, die in einer schweren Krise waren, die sie aber überwunden und sich nicht getötet haben. In Artikeln ist es wichtig, die individuelle Situation zu erklären, einfühlsam zu sein und gleichzeitig auch Lösungsansätze aufzuzeigen, etwa durch das Nennen professioneller Hilfsangebote.

Das ist etwas, was mir selbst auch erst nach dem Tod meines Vaters auffällt: wie leichtfertig manche Artikel dahingetippt und veröffentlicht werden. Vorher ist das für mich ja auch kein Thema.

Anfangs weiß ich selbst noch nicht einmal, wie ich es nennen soll. Sage ich Selbstmord? Freitod? Suizid?

Das Wort Selbstmord geht nicht. Selbstmord beinhaltet das Wort Mord, es ist wertend, und es heißt, jemand habe eine Straftat begangen. Also auch mein Vater. Das sehe ich so nicht. Sein Leben ist immer noch sein Leben. Ich habe die Oberhoheit über mein Leben, und ich möchte sie entschieden behalten, ich werde sie also auch ihm nicht absprechen. Ich kann mir jedes Gefühl gestatten, Wut, Trauer, Frust, Verzweiflung, aber ich werde nie außer Frage stellen, dass mein Vater das Recht hatte, sein Leben zu beenden.

Wenn er das selbstbestimmt so entschieden hat, ist das ein Entschluss innerhalb seiner persönlichen Freiheit. Ich führe immer wieder Diskussionen mit Freunden, die dann einwenden, vielleicht sei sein selbstbestimmter Blick verschleiert gewesen durch Alkohol, durch Depressionen, durch den Schock wegen Tills Tod. Das mag sein.

Aber wann ist ein Mensch denn schon rein selbstbestimmt? Nie. Der Mensch ist ein Wesen, das immer auf andere angewiesen ist. Menschlich ist es, leben zu wollen. Und dennoch gehört der Wunsch, sterben zu wollen, zur Kulturgeschichte der Menschheit wie kaum etwas anderes. Das Wort Selbstmord geht also nicht.

Meine Mama hat das Wort Selbstmord eine Zeitlang für sich selbst zweigeteilt. Sie sagt, es gibt den Mörder, denn es ist jemand bewusst getötet worden. Aber es gibt auch das Selbst, den Menschen, der getötet wurde und der ein Opfer ist. Sie sagt, das Schwere ist manchmal, dass Wut und Trauer so nahe beieinander liegen. Durch die Trennung des Wortes kann sie leichter wütend sein auf den Menschen, der gemordet hat, und um den trauern, der gestorben ist.

Ich hingegen versuche die Argumentation nachzuvollziehen, wie sie etwa Friedrich Nietzsche für das Wort Freitod hernimmt: Ein Mensch, der sich im Vollbewusstsein seines Geistes und selbstbestimmt »zur rechten Zeit« tötet. Nietzsche schreibt 1884 in »Also sprach Zarathustra« unter »Vom freien Tode«: »Den freien Tod predige ich Euch, der nicht heranschleicht wie Euer grinsender Tod, sondern der da kommt, weil ich es will.«

Und: »[…] Seinen Tod stirbt der Vollbringende, siegreich, umringt von Hoffenden und Gelobenden.

Also sollte man sterben lernen; und es sollte kein Fest geben, wo ein solcher Sterbender nicht der Lebenden Schwüre weihte! [...].«

Und: »Meinen Tod lobe ich euch, den freien Tod, der mir kommt, weil ich will.«

Menschen haben Nietzsche zufolge ein Grundrecht, den Zeitpunkt und die Art ihres Todes selbst zu wählen. Doch in seinem Verständnis hat die Selbsttötung einen edlen Charakter. Sie wird beinahe als heroisch dargestellt, und das ist sie nun einmal nicht.

Ich kann mich mit dem Recht des Einzelnen auf ein selbstbestimmtes Ende anfreunden, aber ich sehe es bestimmt nicht als Heldentat. Ich habe Respekt vor dem Schritt meines Vaters, aber das Wort Freitod? Nein, das geht also auch nicht.

Suizid ist der fachliche Begriff. Er ist herrlich neutral, obwohl es immer so wirkt, als wolle man ein Fremdwort benutzen. Ich habe mich irgendwann darauf festgelegt, zu sagen, mein Vater hat sich getötet. Dabei bin ich geblieben.

28 ERHARD

Papaaaaa, bitte, hilf mir!« »Wir kommen nicht so hoch hinauf!« »Papa, bitte, bitte, ich will gaaaaanz oben sitzen! Heb mich, heb mich, heb mich!« Mein Vater gibt den Widerstand auf. Er hebt mich hoch, aber noch immer reicht es nicht, noch immer fehlen wenige Zentimeter bis zu der Astgabel, auf der ich sitzen will. Mein Vater holt sich aus der Küche einen Sessel, stellt sich darauf, und es klappt. Ich bin etwa sieben, und nun kann ich endlich auch auf unserem Nußbaum sitzen, dort, wo sich sonst immer nur Till breitmachen kann, weil er groß und gelenkig genug ist, um selbst hinaufzuklettern.

Leider steht der Baum an einem Abhang. Der Sessel ist wackelig, er rutscht weg, und mein Vater kann sich nicht halten. Er kullert den Hang hinunter und verletzt sich dabei schwer an seinem rechten Knie. Der Meniskus muss operiert werden, er kommt in das nächstgelegene Krankenhaus. Eine Woche später hat er einen Drehtermin, den er nicht versäumen darf, also muss er nach seiner Operation sofort mit den Übungen beginnen. Wie es seinem Wesen entspricht, macht er diese Übungen nicht nur so halb, sondern er steigert sich hinein, er will schnell wieder gesund werden.

Und weil er so sehr dahinter her ist, schafft er es, viel früher wieder fit zu werden, als es ihm die Ärzte prognostiziert haben. Sie sind von seiner raschen Genesung begeistert. Er wird zu ihrem Vorzeigepatienten, gemeinsam mit den Schwestern bringen sie meinen Vater nun zu anderen Meniskus-Patienten, und denen erklärt er ausführlich, wie er so rasch genesen konnte.

Es ist eine Rolle, die ihm entgegenkommt. Dabei macht er das nie besserwisserisch, sondern immer charmant, und er geht niemandem auf die Nerven, denn er hört auch jedem genau zu und reagiert dann auf das Gesagte. Die Krankenschwestern sind hingerissen von ihm, und die Patienten suchen ihn regelmäßig in seinem Zimmer auf, um ihm, ihrem Lehrer, von den Fortschritten zu berichten.

Mein Vater hält seine Beziehung zu Menschen über die Rolle des Lehrenden. Er kann nie einfach nur da sein, es muss immer alles einen Nutzen, einen Sinn haben. Das handhabt er nicht nur in seiner Erziehung so.

Bis ich mit siebzehn Jahren endlich einen eigenen Fernsehapparat kriege, kontrolliert mein Vater genau, was meine Brüder und ich ansehen. Es dürfen nur Filme oder Dokumentationen sein, keine Serien. Wenn es eine Verfilmung ist, muss ich zuerst das Buch gelesen und außerdem den Film in Originalfassung gesehen haben, erst dann gibt es die deutsche Übersetzung. Wenn man vierzehn ist, macht das gar keinen Spaß.

Als ich meinen eigenen Apparat kriege, muss ich zunächst über jeden Film, den ich mir ansehe, eine genaue Inhaltsangabe schreiben – Details über Regisseur und Schauspieler inklusive. Jahre nach seinem Tod finde ich die Mappe und muss darüber lachen, wie akribisch ich alles auflistе und doch auch Platz finde für boshafte Seitenhiebe gegen ihn und sein System. Das hat ihn allerdings weniger gestört als erfreut. Arvid sagt irgendwann einmal, er erinnere sich nur an drei Diskussionen, bei denen er die Oberhand behalten und unser Vater das anerkannt habe. Bei diesen drei Malen hat er anerkennend gesagt, ja, Arvid, da hast du mich überzeugt, und es war fast, als wäre er darüber stolz.

Es ist in meiner Vorstellung undenkbar, dass er sich in eine Runde gesetzt und dann nur schweigend zugehört hat. Wenn mein Vater eines nicht ist, dann ein Herdentier. Auch deswegen ist das Verhältnis zwischen ihm und der Dorfgemeinschaft ein gespaltenes. Sie mögen ihn, sie finden ihn interessant, aber er wird nie einer der ihren sein. Zu eigenwillig ist sein Auftreten, zu dominant scheinen seine Ansichten.

Manchmal finden im Dorf Lesungen statt. Mein Vater schreibt selbst viel, er veröffentlicht auch eine Menge, aber er wird nie eingeladen, eine solche Lesung zu halten. Das kränkt ihn, auf der anderen Seite würde er aber nie auf die Idee kommen, sich vorzuschlagen.

Die Verantwortlichen kommen ihrerseits nicht auf die Idee, ihn zu fragen, zu selbstsicher scheint sein Auftreten. Wenn mein Vater etwas möchte, so denken sie, dann wäre er doch der erste, der das sagt.

Mein Vater spricht Englisch, Französisch, Türkisch, Schwedisch und ein wenig Portugiesisch und Spanisch. Er liest fließend Latein und Alt-Griechisch, er spielt jedes Instrument, das er spielen möchte, und er kann genauso gut ein Schaf schlachten wie einen Abend lang über die Schriften von Alt-Papst Benedikt XVI diskutieren. Er ist viel klüger, als ich es je sein werde, und doch bin ich heute an guten Tagen schon viel glücklicher, als er es je war.

Dabei ist er klug genug, um sich zu durchschauen. Er hat sich sein Leben lang weitergebildet. Er liest eine Menge Bücher über das Wesen der Menschen, er weiß schon, warum er wie reagiert. Er kennt seine Kindheitstraumata – oder besser: Er glaubt sie zu kennen. Denn trotz allem kann er das angelesene und angelernte Wissen nicht auf sein Tun anwenden. Also studiert er weiter. Mein Vater glaubt, mehr Wissen führt zu mehr Zufriedenheit. Die Liebe seiner Frau, die Liebe seiner Kinder, sie reichen nicht aus. Seine Formel macht ihn zu einem Getriebenen.

Meine Mama sagt ein paar Jahre nach seinem Tod zu mir, sie hat nie einen Menschen mehr geliebt. Es sei einer der schlimmsten Momente ihres Lebens gewesen: zu erkennen, dass all ihre Liebe nicht ausreichen wird, um ihn glücklich zu machen.

Dabei hatte das viele Jahre oberste Priorität für uns: Papa glücklich zu machen. Wenn er gut drauf war, dann waren wir auch gut drauf. Wenn er schlecht drauf war, haben wir alle darunter gelitten. Ich gehe seit einiger Zeit regelmäßig zu einem Therapeuten, und einmal fragt er mich, was denn so schlimm daran gewesen wäre? Was denn passiert ist, wenn mein Vater verärgert oder schlecht gestimmt war? Ich muss lange darüber nachdenken. Ich weiß es bis heute nicht.

Er hätte uns nie geschlagen, es war also keine Angst vor körperlichem Schmerz. Er wurde auch nie laut, jedenfalls kann ich mich nicht daran erinnern, dass er mich je angeschrien hat. Er konnte gut mit Worten umgehen, also konnte er einem wirklich schneidend gemeine Dinge sagen, gegen die man sich kaum wehren konnte. Er hatte eine leise Aggressivität, die einen eingeschüchtert hat. Aber ich denke, vor allem wollte ich ihn einfach nicht enttäuschen. Ich habe in so vieler Hinsicht zu ihm aufgesehen, noch heute passiert es mir, dass ich Dinge lerne oder mir Sachen auffallen, und dann erinnere ich mich, dass er mir das schon vor Jahren gesagt hat und ich es damals nicht ernst genommen habe.

Er war ein kluger, faszinierender Mann, aber er war auch mein Vater, und irgendwann muss man sich von seinem Vater distanzieren, um ein eigenes Leben zu führen – vor allem, wenn man so zur Unabhängigkeit erzogen wurde wie wir. Er wusste das, er hat ja auch jede Menge darüber gelesen, aber innerlich hat er es damit gleichgesetzt, dass er dadurch überflüssig wurde. Dass seine Zeit abgelaufen ist.

Vielleicht ist das die eine Sache, die ich ihm am meisten vorwerfe: dass er mir die Jahre nicht gegeben hat, in denen ich mich ohne Schuldgefühle selbst finden kann. Heute würde ich in vielem auf ihn zugehen, aber zwischen siebzehn und siebenundzwanzig wollte ich meine eigenen Erfahrungen machen. Dass er nicht gewartet hat und mir diese Zeit nicht gegeben hat, werde ich ihm vielleicht nie verzeihen. Manchmal ist das der einzige Gedanke, den ich habe, wenn ich an seinen Tod denke und eine schwere, müde Trauer in mir aufzieht: Wieso hast du nicht noch ein paar Jahre gewartet?

Meine Mama sagt, er konnte nicht warten. Ich hätte kein Recht, zu bestimmen, an welchem Punkt ein anderer Mensch in seinem Leben steht. Natürlich stimmt das, aber habe ich nicht auch ein Recht darauf, zu erwarten, dass mein Vater so lange am Leben bleibt, wie es nur geht? Ging es einfach nicht mehr?

Vermutlich wären ein paar Jahre mehr auch nicht genügend Jahre mehr gewesen. Meine Mama sagt, ich muss darauf vertrauen, dass er so lange gewartet hat, wie er nur konnte. Ich will ihr das glauben.

Mit siebzehn Jahren habe ich wenige Wochen vor meinem mündlichen Abitur einen Reitunfall. Ich gehe oft reiten, und ich bin ganz gut, aber an diesem Vormittag bin ich unausgeschlafen und unkonzentriert, das Pferd geht mit mir durch, und ich werde im Galopp abgeworfen. Zum Glück bin ich nicht alleine unterwegs, eine Bekannte bringt mich ins Krankenhaus.

Ich habe ein Schädel-Hirn-Trauma, zwei blaue Augen, eine Menge Schürfwunden und blauer Flecken, und eine Sehne in meinem Genick ist gerissen. Drei Wochen muss ich im Krankenhaus bleiben, und meine Mama und Martin kommen mich oft besuchen. Mein Vater hasst Krankenhäuser, den Geruch, die Ärzte, die Stimmung, die Schwachen, Kranken und Sterbenden. Aber er kommt zweimal. Er steht unbeholfen neben meinem Bett, immer bereit zu fliehen und auch jedes Mal nur etwa zehn Minuten, aber er kommt.

Er hat mich sehr geliebt, und ich weiß das, und vielleicht ist es vermessen, so viel über seinen Tod zu klagen, wenn er mir doch vorher alles an Liebe und Sicherheit gegeben hat, was ihm möglich war?

Solange ich mich erinnern kann, hat er alles, was er gemacht hat, leidenschaftlich gemacht. Als ich vierzehn bin, ist er, der ausgezeichnete Gitarrist, plötzlich der Meinung, die Geige sei das beste Instrument der Welt. Er bestellt sich eine Geige und lernt in einem Schnellkurs zu spielen. Dann räumt er sie in den Schuppen. Er greift sie nie wieder an. Ein Banjo löst die Geige ab. Nicht lange. Immer treibt ihn eine Leidenschaft für etwas – sobald ihn die eine langweilt, stürzt er zur nächsten. Rastlos.

Er liest viel, alles, was ihm unter die Finger kommt, aber seine Lieblingsbücher müssen einen gewissen Grad an zynisch-sarkastischem Humor und Witz haben. Das ist ihm wichtig. Eines seiner liebsten Bücher ist »Murphy«, der 1938 erschienene erste veröffentlichte Roman von Samuel Beckett, und wohl eines der ironischsten Bücher, die ich kenne.

Der erste Satz lautet: »Die Sonne schien, da sie keine andere Wahl hatte, auf nichts Neues.«

Mein Vater liebt diesen Satz, er liest ihn oft und oft laut vor, und dann kann er eine Stunde lang herzlich darüber lachen. Ich finde den Satz auch großartig, natürlich, aber so eine helle Freude damit, wie sie mein Vater hat, kommt in mir nicht auf. Doch ich höre ihn sonst auch oft schallend aus seinem Zimmer lachen, wenn er wieder ein Buch liest, das ihm großes Vergnügen bereitet.

Doch da ist auch die andere Seite, die depressive, die verstärkt wird, wenn er Alkohol trinkt. Wenn ich daran denke, höre ich seine Stimme in meinem Kopf und wie er einen Aphorismus von Wilhelm Busch zitiert: »Es ist ein Brauch von Alters her: Wer Sorgen hat, hat auch Likör. Doch wer zufrieden und vergnügt, sieht zu, dass er auch welchen kriegt.«

Wenn er trinkt, kann er sich manchmal öffnen, aber er kann auch ablehnend werden, scharf und gemein. Bei meinem Vater gibt es keine Graustufen. Da ist nur hell und dunkel, gut oder schlecht. Er mag keine Zwischenstufen, nie. Da ist er wirklich sehr ehrlich; wenn ihm etwas nicht gefällt, sagt er es geradeaus, umgekehrt ist er aber auch voll des Lobs, wenn er etwas gut findet. Halbseidenes, Unausgesprochenes kann er nicht leiden. Genauso wie er auch nie halbherzig etwas angegangen wäre. Ganz oder gar nicht.

Christoph sagt, zu Papa fällt ihm immer das Zitat aus Goethes Faust ein: »Zwei Seelen wohnen, ach! in meiner Brust«. Er sei hin- und hergerissen – bis hin zu seiner Suche nach Anerkennung und seinem Stolz, der es ihm nicht möglich macht, um Hilfe zu bitten.

Doch je älter er wird, desto mehr erkennt er in dunklen Momenten, dass er einem Fehler aufsitzt. Dass er so nie glücklich werden wird. Aber Denkmuster lassen sich nicht einfach durchbrechen, einen anderen Weg als zu lernen und tüchtig zu sein kennt er nicht. Langsam die Einsicht zu gewinnen, dass er mit seinem Weg nicht glücklich werden wird, muss für ihn furchtbar gewesen sein.

Als er im Alter zunehmend weniger gebraucht wird, wehrt er sich zunächst dagegen. Als er merkt, dass er körperlich und geistig abbaut, macht ihm das Angst. Irgendwann resigniert er. Ein Mensch, bei dem Liebe und Anerkennung so eng an Leistung gekoppelt sind, verzweifelt, wenn er bemerkt, dass die Leistung nachlässt, egal, wie sehr er dagegen ankämpft.

Ich erinnere mich, als ich etwa zweiundzwanzig und zu Hause bin, reden er und meine Mama über ein Aufnahmegerät. Sie braucht eines, um damit klassische Konzerte aufzunehmen, und er sucht ihr eines aus, er wiegt die Vor- und Nachteile akribisch ab. Ich bin überheblich und gedankenlos, falle ihm ins Wort und sage, wieso dieses Theater, sollen sie doch im Internet eines bestellen. Ich sehe heute noch sein Gesicht vor mir, die Verletzung hineingeschrieben, wie ich ihm da unter die Nase reibe, wie sehr seine Zeit doch abgelaufen ist. Wenn ich heute daran denke, kommen mir die Tränen, so sehr bereue ich das.

Vor allem, weil ich heute weiß, ein solches Gerät, wie er es damals gekauft hat – meine Mutter benutzt es immer noch – hätte ich nie aussuchen können. Ich habe keine Ahnung von den Feinheiten eines solchen Aufnahmegeräts, um alle Höhen und Tiefen einzufangen. Er schon.

Martin hat viele Jahre in einer Band gespielt, und als sie ihre erste CD aufnehmen, bringt er ein Exemplar meinem Vater. Der hört sich die CD nicht nur einmal an. Er spielt sie Dutzende Mal ab, er macht sich Notizen zu jedem Akkord und jeder Textzeile, und ich erinnere mich an unzählige sonnige Nachmittage, an denen ich alleine im Hof sitze, weil Martin oben bei meinem Vater ist, und sie die Lieder Takt für Takt durcharbeiten. Anfangs habe ich immer Sorge, dass Martin das nur aus Höflichkeit mitmacht, bis ich irgendwann kapiere, dass es ihm tatsächlich Spaß macht.

Ich finde es schön, dass mein Vater sich so einbringt, und ich bin auch stolz auf ihn, aber gleichzeitig dominiert er damit fast immer die Unterhaltung. Er steht im Mittelpunkt, und was andere an ihm faszinierend finden, geht mir, die ich ihn jeden Tag erlebe, manchmal auf die Nerven.

Je älter er wird, desto schlechter hört er zu. Die Gespräche mit ihm sind immer öfter gleichlautende Monologe.

Einen ihrer schönsten Tage in diesem Jahr zu zweit verbringen meine Eltern einige Tage vor seinem Tod. Meine Mama will für ihren bevorstehenden Musikkurs Zettel austragen, und sie fragt meinen Vater, ob er sie begleitet. Mein Vater geht nur mehr sehr ungern aus dem Haus, aber sie weiß, dass er gerne Eis isst, also verspricht sie ihm eines, und zu ihrer Überraschung sagt er: »In Ordnung«. Sie fahren durch die Dörfer, bleiben mit dem Auto immer wieder stehen und tragen dann die Zettel zu den Briefkästen.

Sie haben eine Menge Spaß, sie lachen und scherzen und blödeln herum, und später sagt sie, so ausgelassen habe sie ihn lange Zeit nicht mehr erlebt. Als sei eine Last von ihm abgefallen.

Ich bin mir sicher, dass er da bereits den Entschluss gefasst hatte, sich zu töten. Mein Vater hat die Dinge nie oder nur ungern dem Zufall überlassen. Es ist unvorstellbar, dass er dieses Wichtigste in seinem Leben, seinen Tod, nicht geplant hat. Aber nachdem für ihn feststand, dass er sterben wird, nachdem er eine Entscheidung getroffen hatte, war er von dieser Last befreit. Vielleicht.

Eine Woche vor seinem Tod sehe ich meinen Vater das letzte Mal. Ich bin das Wochenende über zu Hause, und kurz bevor ich fahre, renne ich ihm an der Küchentür in die Arme. Er hält mich fest und sagt, dass er mich liebt. Und er fragt, ob ich ihn in guter Erinnerung haben werde, wenn ich alt bin. Mein Vater neigt manchmal zum Pathetischen, also lache ich und umarme ihn fest. Ich sage ihm, dass ich ihn auch liebe. Er hat sich von mir verabschiedet. Es ist schaurig, dass er wusste, dass wir uns nie wieder sehen, ich aber nicht.

29 TOCHTER

Papa, was ist los? Was machst du denn da?«

»Ich möchte in meinen Zimmern aufräumen, aber da ist so viel. Ich weiß nicht, wo ich anfangen soll. Es wächst mir über den Kopf.«

»Dann lass es doch sein, ist das denn so wichtig?«

»Ich frage mich immer: Wenn ich tot bin und ihr das machen müsst, könnt ihr mich dann überhaupt noch lieben?«

»Bitte, wir lieben dich sowieso, was soll das denn?«

»Das verstehst du nicht.«

»Hm, na gut. Was versteh ich nicht?«

»Da ist mein ganzes Leben drinnen. Was hat es jetzt für einen Wert? Gar keinen. Wofür war es gut? Früher, wenn ich nach Hause gekommen bin, dann seid ihr Kinder immer unten an der Tür gestanden und habt ›Papa, Papa‹ gerufen und euch gefreut, dass ich wieder da bin. Heute ist da niemand, niemanden interessiert, ob ich komme oder nicht. Ihr seid erwachsen und lebt woanders, und ich kenne euch eigentlich gar nicht mehr. Ich kenne dich eigentlich gar nicht mehr.«

»Papa, wir sind erwachsen. Wir leben unser Leben, weißt du? Wir können ja nicht immer zehn Jahre alt sein. Aber das heißt nicht, dass wir dich weniger lieben. Wir sind halt keine Kinder mehr.«

Seufzen. »Das ist schade.«

»He, du kannst doch auch mal mehr unser Leben leben! Warum kommst du mich nicht einmal in Wien besuchen? Du warst noch nie in meiner Wohnung, noch nie!«

»Nein, darum geht es nicht. Erinnerst du dich, als du klein warst, und es war Winter, und ich hab dich auf meinem Arm gehalten? Dann wollt ich dir ein Bussi geben und bin dir so mit meiner kalten Nase ins Auge gefahren.« Er lacht. »Ohje, du warst so beleidigt! Du hast das Gesicht verzogen, ich hab gedacht, gleich fängst du an zu weinen. Ich hab uns dann eine heiße Schokolade gekauft, damit du wieder versöhnt bist, und wir haben sie in einem Lokal an der Bar getrunken.«

»Papa, da war ich drei Jahre alt.«

»Meine einzige Tochter. Du bist wie ich. Eigensinnig, klug, kein Mitleid. Und ungeduldig. Du siehst aus wie deine Groß-mutter, also wie die Jungnikl-Oma, weißt du das?«

»Herrje, ja, das weiß ich. Dieses Gespräch führen wir öfter … Worum geht es denn? Komm, bitte, gehen wir hinaus und setzen uns zu den anderen in den Hof?«

»Wenn du alt bist und eine erfolgreiche Journalistin, und ich schon lange tot, wie wirst du dann über deinen alten Vater denken?«

»So wie jetzt, Papa, so wie jetzt.« Augen verdrehen. »Warum sollte ich nach deinem Tod anders über dich denken als heute? Ich liebe dich, und du bist anstrengend.«

Er lacht nicht.

Ich lache. »Also gut. Papa: Ich verspreche, wenn ich einmal

alt bin, dann weiß ich heute schon, dass ich nur gut über dich reden und an dich denken werde. In Ordnung? Ich schwöre!«

Ich stehe auf.

»Schon gut.« Umarmung.

Ich kann nicht glauben, dass er tot ist.

30 FREMDE

Der Fahrer dreht kurz leise, grinst mich an, wendet sich dann wieder dem Lenkrad zu und schaltet erneut auf volle Lautstärke. Roxette, The Look. Ohrenbetäubend. »Lovin' is the ocean. Kissin' is the wet sand. She's got the look.« Ich taste mich die wenigen Sitzreihen nach hinten und lasse mich auf einen der zerschlissenen Sitze fallen. Eineinhalb Jahre nach dem Tod meines Vaters sitze ich in einem kleinen, nur halb fahrtauglichen VW-Bus, Chapa genannt, mitten im mosambikanischen Busch.

Meine Nachbarin blickt mich kurz an, dann nickt sie mir zufrieden zu und stellt mir einen Holzkäfig auf den Schoß. Ich blicke hinein, drinnen ein aufgeregtes Huhn. Zum Glück ist es hier so ohrenbetäubend laut, denke ich gottergeben vor mich hin, da kann ich das Vieh wenigstens nicht gackern hören. Ich bin müde, mir ist heiß, und ich habe seit Tagen weder geduscht noch ordentlich gegessen. Der Fahrer brettert über das erste Schlagloch, es reißt mich fast vom Sitz, und ab sofort konzentriere ich mich lieber auf die Straße. »What in the world can make you so blue, when everything I'll ever do, I'll do for you.«

Den Käfig umklammere ich weiter, es interessiert ohnehin niemanden, was ich davon halte, ihn zu halten. Bei meinem Versuch, von Inhambane in den Krüger-Nationalpark zu kommen, muss ich die Hits der schwedischen Band dreimal rauf und runter hören. Roxette war mir vorher schon ein Gräuel, und die Dauerbeschallung hilft hier auch nicht. Der gellende Gesang, untermalt mit achtziger Jahre Discomusik, lässt die Szene nur noch absurder wirken.

Nach Afrika zu fahren klang für mich zwar generell sympathisch, dennoch ist die Ortswahl eher zufällig. Ein guter Freund von Christoph und mittlerweile von uns allen ist vor Jahren nach Mosambik ausgewandert. Das kommt mir sehr gelegen. Dieses Land neben Südafrika und gegenüber von Madagaskar liegt am anderen Ende meiner Welt, und genau dort will ich hin. So weit weg von zu Hause, meiner Familie, meiner Geschichte und jeder Art von Erinnerung an mein Leben, wie nur möglich. Konkret: 7651 Kilometer weit weg.

Jedes Mal, wenn ich daran denke, wie mein Vater gestorben ist, spüre ich einen dumpfen Schlag in meinem Magen. Ich will weg von den Fragen der anderen und denen in meinem Kopf, ich will eine andere Umgebung, und ich kann mich nicht so wirklich auf meine Arbeit konzentrieren, weil ich das auch irgendwie gar nicht möchte. Es gibt so viel, an das ich denken und worüber ich nachdenken muss, manchmal glaube ich, mir platzt der Schädel. Ich habe das Gefühl, ich brauche eine Auszeit, einen Ort, an dem die Zeit stillsteht und ich niemanden und nichts kenne und mich niemand und nichts an all das Grauen erinnert.

Ich nehme Urlaub, schreibe Roland, ob ich ein paar Monate kommen kann, er freut sich, und wenige Impfungen später stehe ich mit meiner Mama am Flughafen in Wien. In Johannesburg muss ich umsteigen und verpasse fast meine kleine zweimotorige Maschine nach Maputo, in letzter Sekunde kann ich noch verschwitzt und außer Atem an Bord klettern. Und kaum hebt sie ab, sehe ich diese Landschaft unter mir, die mir so fremd ist, mir kommen die Tränen. Die Kontrolle der vergangenen Monate ist dahin, hier in der Fremde brauche ich sie nicht mehr. Ob ich mich zusammenreiße oder nicht, interessiert die vier anderen Passagiere ohnehin nicht.

In Maputo steht Roland am Flughafen, und wir verbringen ein paar Tage in der mosambikanischen Hauptstadt, bevor wir mit dem Auto an den Strand und zu seinem Haus in der Nähe von Tofo fahren. Es riecht anders, die Musik ist anders, und dass fast alle Menschen, die ich sehe, eine andere Hautfarbe als ich haben, ist auch anders. Das Klima ist warm und schwül, Obst und Gemüse schmecken intensiver, und fast kann ich mich verlieren in dieser Fremde, die anders redet, schmeckt, denkt und fühlt.

Doch die innere Unruhe verlässt mich nicht, nur weil ich den Ort wechsle. Mich meinen Gedanken zu stellen, ist nicht so einfach wie ich dachte, schließlich werde ich durch all das Fremde auch ständig abgelenkt. Es hält mich wachsam. An meinem ersten Abend in Rolands Haus stolpere ich zuerst über einen Skorpion, dann über einen riesigen Tausendfüßler, und als ich zu der in den Boden eingelassenen Betonschale will, um aufs Klo zu gehen, sehe ich eine fast zwei Meter lange Schlange sich davonwinden. Als ich danach auf meiner Matratze liege, kriege ich erste Zweifel an meiner Ortswahl. Ein Hotel am Meer in Santorin hätte es vielleicht auch getan, denke ich.

Aber nun habe ich mich dazu entschieden, also versuche ich mit Hilfe meines Langenscheidts Portugiesisch zu lernen, denn in Mosambik spricht kaum jemand Englisch oder gar Deutsch. Ich lerne eine Menge Freunde von Roland kennen, und als ich das erste Mal alleine zum Markt gehe, mir frische Krabben erhandle und sie dann mit Knoblauch und Zitrone zubereite, bin ich schon fast zufrieden.

Roland spielt in einer Band, und er hat den Verein »Positivo Mozambique« gegründet. Gemeinsam mit Kollegen besucht er Schulen und versucht dort, Schüler über Aids aufzuklären. In Mosambik ist etwa jeder zehnte HIV-positiv, viele wissen es nicht, weil sie Angst davor haben, sich testen zu lassen. An den Schulen kursieren viele Gerüchte, und mit Hilfe des Vereins können die Jugendlichen nun anonym auf Zetteln Fragen stellen. Ob das HI-Virus nicht eigentlich in den Kondomen ist, oder ob Sex mit einer Jungfrau Aids tatsächlich heilen könne, steht da etwa drauf geschrieben.

Anfangs fahre ich ein paar Mal mit, aber ich verstehe viel zu wenig Portugiesisch, und ich will mich ja auch eigentlich auf mich konzentrieren. Ich verabschiede mich und beginne, alleine durch das Land zu fahren. Es ist anstrengend. Die wenigen Touristen, die ich sehe, sind Paare, und die Einheimischen beäugen mich misstrauisch oder versuchen mir etwas zu verkaufen.

Als ich einmal in ein Dorf irgendwo in der Wildnis komme, sieht mich ein kleines Mädchen und erschreckt sich so furchtbar vor meiner weißen Haut, dass es entsetzlich anfängt zu weinen. Die anderen Kinder umringen mich, und dann reiben sie an meinem Arm, um zu sehen, ob die Farbe abgeht. Nach dem Tod meines Vaters lasse ich mir die Haare ziemlich kurz schneiden, sie sind also kurz und blond, und auch davon kriegen die Kinder nicht genug. Wir haben jedenfalls eine Menge Spaß, und am Ende lässt sich das kleine Mädchen von mir auf den Arm nehmen, und seine Mutter lädt mich zu Essen und Übernachtung ein.

Als ich dann abends auf einer Matte auf dem Lehmboden liege, fühle ich mich so weit von meinem Vater entfernt wie noch nie. Ganze Galaxien liegen hier zwischen uns.

Am nächsten Tag zeigt mir die Familie den Weg zur nächsten Busstation, und nachdem ich ein Stück weit gegangen bin, höre ich hinter mir ein Geräusch: Das kleine Mädchen ist mir ein wenig nachgegangen, und sie lacht über das ganze Gesicht und winkt mir zu, und plötzlich muss ich auch lachen. Es ist das erste Mal seit dem Tod meines Vaters, dass ich wirklich herzlich und aus mir heraus lache. Fast ist es Normalität, und kurz spüre ich, dass das Glück vielleicht doch irgendwann wieder zu mir finden wird.

An der Busstation treffe ich auf eine tanzende Prozession, in deren Mitte ein Sarg getragen wird. In afrikanischen Staaten ist es viel mehr Brauch als bei uns, aus einem Begräbnis ein Fest zu machen. Das finde ich sympathisch. Es wird ja nicht nur jemand begraben, sondern ein Leben wird offiziell zu Grabe getragen, und ist es dieses Leben nicht wert, gefeiert zu werden?

Wir handhaben es jedenfalls bei der Beerdigung meines Vaters so. Ich bestehe auf einem Chor, obwohl meine Mama dagegen ist. Mein Vater mochte Chöre, er hätte es gerne gehabt, dass sein letzter Gang noch einmal so richtig besungen wird. Es kommen viele Leute, es gibt eine Menge Blumen.

Das Begräbnis findet erst einen Monat nach seinem Tod statt. Es dauert, bis die Leiche freigegeben und eingeäschert ist, aber wir finden das gut so.

Die Menschen haben es zu eilig, ihre Toten unter die Erde zu bringen. Es bleibt zu wenig Zeit, um sich zu verabschieden. Die ersten Tage steht man so unter Schock, es fehlen Zeit und Kraft, um sich um die Details eines Begräbnisses zu kümmern. Es ist kein bloßes Eingraben, es beendet das Leben eines Menschen, und dieses Leben hat Spuren hinterlassen, also sollte die Beerdigung auch persönlich gehalten werden.

Ich versuche mich an Papas Begräbnis zu erinnern, als ich da so in der provisorischen Busstation in Mosambik sitze, aber es gelingt mir nicht ganz.

Ich weiß noch, dass ich die ganze Zeit auf das Bild meines Vaters starre. Während der Pfarrer die Predigt liest, sehe ich nur dieses Foto an, das neben der Urne steht, auf dem er den Kopf leicht schief hält und ein bisschen lächelt. Mein Vater hat gerne fotografiert, aber nur sehr ungern sich selbst. Er mag keine Bilder von sich.

Ich sitze zwischen meiner Oma und Christoph, und ich erinnere mich auch daran, dass ich irgendwann ein Taschentuch brauche. Ich beuge mich zu meiner Oma und sage, hast du bitte ein Taschentuch für mich? Sie nickt mit dem Kopf, und dann passiert nichts weiter. Ich weiß nicht, ob sie mich nicht versteht, oder ob sie verärgert ist, weil ich sie störe, aber ich traue mich auch nicht mehr, sie erneut zu fragen.

Gut, denke ich mir, versuch ich es bei Christoph. Hast du ein Taschentuch? Er kramt ewig in seinen Taschen und zieht dann ein verfärbtes, verrotztes Tuch heraus, betrachtet es, befindet es offenbar für noch zu gebrauchen und reicht es mir. Ich nehme es, schaue es kurz an, dann wieder zu dem Foto meines Vaters, und fast muss ich anfangen, heftig zu lachen.

Im Leichenzug gehe ich anschließend neben meiner Mutter, ihr Gesicht wirkt ganz hart vor Anspannung. Dann sehe ich dieses ausgehobene Erdloch vor mir. Am Kopfende steckt das verwitterte Holzkreuz mit dem Namen meines Bruders, daneben das noch glänzende Kreuz mit dem meines Vaters.

Ich erinnere mich nicht mehr an viel. Wir haben einen Ghettoblaster aufgestellt. Mein Vater hat gemeinsam mit meinem Bruder Till viele Lieder aufgenommen, eines davon ist »Cotton Fields« von Creedence Clearwater Revival. Jede Strophe endet mit einem »Back home«. Die fröhliche Unbekümmertheit, mit der Till diese beiden Worte immer mitsingt, tut mir mehr weh als alles andere in diesem Moment. Ich bin so wütend, weil ich erneut hier stehen muss. Ich würde meinen Vater gern anschreien, dann wird mein Kopf wieder leer.

Auf einmal fängt es furchtbar an zu donnern. Alle sehen zum Himmel, am Horizont ist es zugezogen, ganz schwarz und bedrohlich die Szenerie. Es donnert noch einmal. Als wir bei uns zu Hause in den Hof fahren, beginnt es zu regnen.

Arvid und ich setzen uns oben auf einen Dachbalken und schauen dem Regen zu. Es ist warm, und es riecht gut, nach Land und Erde und Feuchtigkeit. »Papa ist wirklich tot, hm?«, sage ich heiser. Er sieht mich kurz an, dann legt er seinen Arm um mich und zieht mich zu sich. Ich lege den Kopf auf seine

Schulter, und so sitzen wir auf diesem Balken noch lange Zeit schweigend da, und irgendwann kommen Mama und Christoph dazu, und dann sitzen wir vier da wie verschreckte Hühner, die sich zusammendrängen, und schauen auf das Getröpfel und spüren, wie zwei von uns fehlen.

31 FAMILIE

ch weiß es nicht mehr so genau.« »Oma, bitte!« »Wirklich, ich verwechsle sicher schon alles.« »Dann halt das, woran du dich noch erinnerst!« Meine Oma war der letzte Mensch, den mein Vater angerufen hat. Nicht mich. Nicht meine Mutter. Nicht einen meiner Brüder.

Ich starre auf das Moskitonetz über meiner Matratze. Ich kann nicht schlafen, es ist drückend schwül, aber ich habe es endlich geschafft zu duschen und meine Kleidung notdürftig zu waschen. Roland hat mir mit frischer Kleidung ausgeholfen, nachdem ich nach einigen Wochen Abwesenheit wieder bei ihm gestrandet bin, und während ich darauf warte, dass meine Wäsche trocknet, liege ich in dieser Hütte in einem Vorort von Inhambane und denke an dieses letzte Gespräch im Leben meines Vaters.

Draußen höre ich Roland pfeifend auf und ab gehen, während er uns etwas zu essen macht. Er öffnet eine Flasche Rotwein und bringt mir ein Glas, dann kümmert er sich wieder um die Feuerstelle im Boden und um das Hühnchen, das er geschlachtet, gerupft, ausgeweidet und nun bratfertig gemacht hat. Es riecht gut.

Einige Monate nach dem Tod meines Vaters will ich von meiner Oma wissen, worüber sie mit ihm damals am Telefon geredet hat. Immer noch hofft in mir irgendetwas darauf, eine Antwort zu kriegen, wenn ich nur alle Bausteine richtig zusammensetze. Was hat er als Letztes gesagt? Meiner Oma fällt es schwer, darüber zu reden.

Eigentlich hat meine Mama ihre Mutter jeden Abend um acht Uhr abends angerufen, das hatte Tradition. Sie hat sich nach ihrem Tag erkundigt, von ihrem eigenen erzählt und ihr zum Schluss immer die besten Abendfilme empfohlen. Wenn sie nicht da war, hat mein Papa das gemacht. Und er hat es auch an diesem Sonntag gemacht.

Sehr zögerlich erzählt Oma mir, dass mein Vater sie gefragt hat, ob sie ihm einen Grund nennen kann, weshalb es sich zu leben lohnt. Meine Oma ist damals schon weit über achtzig. Sie hat ihren Mann verloren, viele Freunde, sie ist immer unbeweglicher geworden, die meiste Zeit verbringt sie zu Hause, an manchen Tagen will sie selbst sterben. Aber sie kann ihm viele Gründe nennen. Familie, Glück, Möglichkeiten, bis hin zu Pflicht. Sie weiß, dass er traurig ist. Und dass ihn nichts überzeugt hat.

Zwanzig Minuten nachdem er aufgelegt hat, ist er tot. Meine Brüder kommen eher nach der Familie meiner Mutter, ich komme nach der meines Vaters. Er hat mich nicht angerufen.

Meine Mama sagt, eine Familie ist wie ein Mobile. Jedes Familienmitglied hängt an einem Faden, wie bei einem Windspiel bedingt seine Stabilität die der anderen. Nach dem Tod meines Bruders bricht unser Familien-Mobile zusammen. Wir haben es noch nicht wieder aufgebaut, als mein Vater stirbt.

Jetzt ist es wieder in Bewegung. Wenn sich alles andere ändert, ändert sich auch die eigene Rolle. Ich verliere durch seinen Tod an Selbstbewusstsein und Sicherheit. Wenn der eigene Vater lieber stirbt, als bei dir zu bleiben, wer wird es dann tun? Der Tod meines Vaters hinterlässt ein Vakuum in unserer Familie. Langsam verschieben sich die Rollen, die Beziehungen untereinander werden neu definiert. Das braucht viel Zeit. In den ersten Monaten sind wir schon unruhig, wenn einer etwas länger beim Einkaufen braucht. Wir rücken eng zusammen.

Manchmal, wenn Arvid zu Hause ist und sich das Auto meiner Mama ausborgt und abends wegfährt und nicht pünktlich zurückkommt, sieht sie ihn tot im Straßengraben liegen. Solche Panikattacken kriegt sie heute noch. Die Angst, dass jederzeit wieder einer von uns sterben könnte, ist immer da, sie lauert im Hintergrund, und sie macht uns angreifbar und verletzlich. Sie nimmt uns die innere Ruhe und einen Teil einer möglichen Zufriedenheit.

Es heißt, dass jeder Suizidtote etwa drei bis fünf Angehörige hinterlässt. Hochgerechnet würde das bedeuten, dass in Österreich in den vergangenen zehn Jahren etwa zwischen 42 000 und 70 000 Menschen Hinterbliebene nach einem Suizid wurden. In Deutschland ist die Zahl ungleich höher, bei knapp 10 000 Suizidfällen pro Jahr macht das in zehn Jahren etwa über 300 000 Hinterbliebene.

Und obwohl das eine beachtliche Zahl an Menschen ist, werden weder ihre Existenz noch ihre Bedürfnisse wirklich wahrgenommen. Das lässt sich schon an der Literatur ablesen: Es gibt eine Menge Lesestoff von Ärzten und Therapeuten, es gibt Ratgeber, aber es gibt kaum etwas von Betroffenen, für

Angehörige – und darüber, wie der Suizid ihre Familien verändert hat.

Denn er verändert etwas. Wir kleben anfangs in blinder Liebe aneinander, Streitereien wie sie eben in Familien passieren, lassen wir nicht zu, weil wir viel zu dankbar sind, dass wir die anderen noch haben. Dabei sind die Konfliktfelder ja da. Wir sind vier völlig unterschiedliche Menschen, mit unterschiedlichen Interessen und Wertigkeiten. Also sind wir natürlich auch wieder öfter sauer aufeinander. Das anzusprechen, fällt uns allen sehr schwer. Ich kann Arvid nur ganz schlecht sagen, wenn mich etwas an ihm nervt. Wir sind beide ein wenig jähzornig, und bei niemandem gehe ich so schnell in die Luft wie bei ihm. Ich weine aber auch bei niemandem so, wenn ich mit ihm streite. Das Spannungsfeld zwischen uns ist sehr aufgeladen, es kann in die eine oder andere Richtung ausschlagen. Genauso oft fallen wir einander um den Hals, er sagt immer »Schwester« zu mir und oft »Ach, Schwester, ich lieb dich ja so«.

Bei meiner Mama ist das ähnlich. Ich kann nicht einmal daran denken, dass sie auch irgendwann sterben könnte. Ich will sie unbedingt beschützen, vor allem, was ihr Leben vielleicht verkürzen könnte. Eine Illusion, dass ich mich nicht auch über sie ärgere. Aber es anzusprechen fällt mir wirklich schwer. Ich halte es gar nicht aus, wenn meine Mutter auf mich wütend ist.

Wir tun uns also schwer damit, mit den anderen ernste Dinge zu besprechen, gleichzeitig können wir die wirklich ernsten Dinge nur miteinander besprechen. Doch es fällt manchmal schwer, einander auch innerhalb der Familie zu unterstützen.

Jeder versucht, mit der Situation und dem Verlust alleine und auf seine Weise fertig zu werden. Jeder wird auch nur auf seine Weise mit der Sache fertig. Und es kommt auch eine gewisse Scheu hinzu: Wenn ich gerne einmal darüber reden möchte, bin ich nicht sicher, ob der andere das auch möchte. Vielleicht geht es ihm gerade gut damit, und ich erinnere ihn nur schmerzlich an etwas.

Es gibt eine Szene im dritten Teil von »Der Pate«, dem Film von Francis Ford Coppola, an die ich manchmal denken muss: als ein schon ergrauter Michael Corleone über seinen Versuch, die Familie ehrbar zu machen, sagt: »Gerade wo ich denke, ich bin draußen … ziehen die mich wieder rein.« Wie er da die Fäuste ballt, wie er die Wörter betont – ich könnte es für mich manchmal nicht besser sagen. Immer, wenn ich denke, ich bin raus, ziehen die mich wieder rein.

Nach knapp drei Monaten Mosambik habe ich genug. Der Selbstversuch hat ein bisschen geholfen. Ich habe ein paar Dinge geordnet, und vor allem habe ich wieder große Sehnsucht nach zu Hause, nach meiner Mama und meinen Brüdern. Es hat mir aber auch gezeigt, dass ich nicht fliehen kann. Eine Flucht in die Fremde, um einem inneren Schmerz zu entkommen, gelingt nicht.

Ich buche den nächsten Flug nach Wien, Roland bringt mich zum Flughafen, und dann ist er weg, und ich sitze alleine in der Halle. In meinen Kopfhörern und in meinem Kopf ist Zita Swoon. »It's been so long since I've seen you, I half forgot about the things you do. But half is only half, there's still enough.« Um mich herum sitzen nur Paare. Sie teilen alles miteinander, wenn einer auf die Toilette muss, dann passt der andere auf das Gepäck auf, wenn einer durstig ist, gibt ihm der andere eine Flasche Wasser. Wenn einer dösen will, kann er den Kopf an die Schulter des anderen legen.

Es macht mich traurig und müde, dass ich niemanden habe.

In der Psychotherapie heißt es, es gibt Faktoren, die den Trauerverlauf erschweren oder die Zeit des Trauerns stark verlängern können. Zu diesen Faktoren zählen der Tod des eigenen Kindes, ein plötzlicher Tod, mehrere Trauerfälle innerhalb kurzer Zeit und der Tod durch Suizid.

Drei von vier. Bei meiner Mama sind es sogar vier von vier Punkten.

Erschwerter Trauerverlauf heißt hier: Auch noch nach einem Jahr zeitweise genauso traurig und verzweifelt zu sein wie kurz nach dem Verlust.

Tatsächlich frustriert mich das Vor und Zurück am meisten. In meinem Kopf bin ich doch schon so viel weiter. Alle Trauerphasen durchgespult, mich hinterfragt, mit Freunden geredet, in mich hineingehört.

Alles brav nach Trauerbewältigungsanleitungen absolviert. Und es funktioniert ja auch. Teilweise. Es gibt viele Tage, an denen alles wie ein weit entfernter Schrecken hinter mir liegt.

Da denke ich ohne Probleme nur in Liebe und Freude an meinen Vater und erzähle in bestem Glauben meinen Freundinnen, dass es mir wieder super geht. Wenn ich an diesen Tagen durch die Straßen gehe, fühle ich mich beschwingt und zuversichtlich. Das Grauen hat ein Ende, ich bin stark und unverwundbar und kann alles schaffen.

Zwei Tage später sitze ich wie ein Häufchen Elend zu Hause, und bei jedem entfernten Gedanken an meinen Vater kommen mir die Tränen. Die Vorstellung, ins Freie zu gehen oder mit jemandem zu reden, macht mir Angst. Der Einzige, den ich sehen will, ist mein Papa. Ich verzweifle langsam daran. Wann hört das auf?

Alle Bemühungen, wieder in mein Leben zu finden, erscheinen mir in solchen Momenten fehlgeschlagen. Alle Mühe, all die Anstrengung umsonst. Frustrierend. Der Gedanke, dass es mir bis an mein Lebensende so gehen kann, dass ich selbst in glücklichen Phasen damit rechnen muss, dass mich die Trauer wieder einholt, macht mir Angst. Kann man Verluste je wirklich überwinden?

Pünktlich am Ostersonntag bin ich wieder zu Hause, und das ist ein schöner Zufall, Ostern ist mein Lieblingsfamilienfest. Ich weiß nicht, warum ich es so sehr liebe, aber immer an diesen Tagen kommt der Frühling.

Wir haben nie aufgehört, draußen Eier und Süßigkeiten zu verstecken, anfangs wegen Till und dann wegen meiner kleinen Neffen, und es ist immer schön zu sehen, wie sie in der Sonne und der Wärme suchend umherlaufen und blödeln und sich freuen. Enough of you inside of me.

Enough of you and lots of dreams.

Ich sitze im Hof, ich sehe alle lachen und reden, und irgendwie wächst da die erste Schutzschicht über der Wunde. Sie ist dünn, aber da, und ich atme tief ein und setze mir eine Katze auf den Schoß und denke, es fühlt sich gut an, wieder zu Hause zu sein.

32 BEZIEHUNG

Vielleicht erkennt man das richtig Gute erst auf den zweiten Blick. Vielleicht muss man es sich erarbeiten. Keine Ahnung. Florian ist ein paar Jahre jünger als ich, ein sehr hübscher Mann, klug, witzig, und trotzdem nehme ich ihn, als ich ihn kennenlerne, auf die leichte Schulter. Ich bin ohnehin misstrauisch. In den Jahren, die seit dem Tod meines Vaters vergangen sind, habe ich es geschafft weiterzuleben – und mein Leben wieder halbwegs glücklich zu führen, mit schönen Momenten und einer wiedererlangten inneren Freiheit, ohne ständige Angst und ohne dieses ständige Unruhegefühl.

Das ist für mich ein großes Ding, lange Zeit habe ich nicht gedacht, dass ich wieder an diesen Punkt kommen werde, und geschafft habe ich es alleine, deswegen vertraue ich mir selbst auch am meisten. Ich lasse mir nur von sehr wenigen Menschen etwas sagen, nur von meiner Familie und meinen engsten Freundinnen. Es wird ohnehin niemand je ganz verstehen können, was mir passiert ist, denke ich, und damit habe ich auch längst meinen Frieden gemacht, eine Beziehung wird schon auch so funktionieren können, schließlich hat jedes Paar, das ich kenne, seine Macken.

Ich habe mir eine harte Schale zugelegt, ohne dass ich das eigentlich bemerkt habe und auch ohne dass andere es unbedingt sofort bemerken, denn ich bin zugänglich und nett und viele Leute glauben viel zu schnell, dass sie mich kennen würden. Mein Therapeut sagt, ich habe eine kaum zu durchdringende Distanz zu mir aufgebaut, ich kann spöttisch und gelassen sein und nichts durchlassen – manchmal nicht einmal mich selbst.

Ich denke, ich kann einfach nur gut kontrollieren, was und wie viel ich von mir preisgebe. Ich bin mir selbst der beste Pressesprecher. Als meine Welt auseinandergefallen ist, habe ich die Kontrolle darüber verloren. Das will ich nie wieder erleben. Also kontrolliere ich mich gut, besser als ich es selbst weiß. Ich lache viel über mich, und dieser leicht zynische Humor wird zu einer meiner Waffen, die mich vor unangenehmen Fragen schützt, mit denen man mir zu nahe kommen könnte.

Florian schert das überhaupt nicht. Er ist furchtbar ehrlich. Er sagt immer, was er denkt, auch wenn er sich damit etwas vergeben könnte, und wenn er weinen will, dann weint er. Er hat überhaupt keine Angst davor, seine Gefühle zuzulassen, und vielleicht ist es das, was mich von Beginn an fasziniert – und mich dazu bringt, ihn zu unterschätzen. Denn er ist auch der stärkste Mensch, den ich kenne, und er hat keine Scheu davor, es mit mir aufzunehmen. Er respektiert mich sehr, und das weiß ich auch, aber er ist in den richtigen Momenten unerschütterlich hartnäckig. Er beobachtet, er denkt nach und er bleibt dran. Er hat ein ausgeprägtes Selbstbewusstsein, aber wie so oft macht es ihn nicht blind für Schwächen oder immun gegen Kritik. Im Gegenteil.

Wir kennen uns aus dem Büro, und ich weiß nicht mehr warum, aber wir fangen an, einander Nachrichten zu schreiben, bevor wir ein paar Mal weggehen. Wir lernen einander zuerst einmal kennen.

Wir gehen ins Kino und lachen und reden den ganzen Film lang durch, wir setzen uns am Nachmittag in den Burggarten und lesen nebeneinander, wir trinken abends Bier und erzählen uns lächerliche und schwere Momente unseres Lebens. Alles ist schön, nichts ist bedrohlich und kaum etwas fühlt sich so eng an, dass es mir Angst machen könnte.

Ein paar Wochen treffen wir einander also, und dann eines Abends, als wir uns vor einem Lokal voneinander verabschieden, legt er seine Arme auf meine Schultern. Er schließt mich damit nicht ein, er legt sie ausgestreckt darauf, und dann sieht er mich lange und ruhig und beängstigend selbstsicher an, und dann küsst er mich.

Ein paar Monate später stehen wir in meiner Küche und kochen. »Ich kann Zwiebeln nicht schneiden, jedes Mal habe ich Angst, dass ich mir die Kuppe abschneide.« »Warte, ich kenn einen Trick, ich zeig's dir!« Ich nehme Florian das Messer aus der Hand. »Siehst du, so geht es besser.« Er grinst. »Du kannst nicht kochen, aber das kannst du, ja?« Ich grinse auch. »Ja, das hat mir … ja, mein Papa … der, also der hat mir das gezeigt, ich …« Auf einmal muss ich schluchzen.

Mein Vater hat mir immer und immer wieder gezeigt, wie man die Finger halten sollte, wenn man eng an den Fingerkuppen vorbei etwas schneiden muss. Ich sehe ihn klar vor mir, ich höre seine Stimme, und auf einmal muss ich heulen. Ich weine natürlich nicht immer, wenn ich an meinen Vater denke oder von ihm rede. Aber in unerwarteten Fällen packt es mich auf einmal, ich kann es selbst nicht erklären, und ich kann mich davor auch nicht schützen.

Florian ist verwirrt. Er weiß, dass mein Papa tot ist und auch wie er gestorben ist, aber so viel haben wir nicht darüber geredet. Und weinen hat er mich auch noch nie gesehen. Er nimmt mir das Messer weg und umarmt mich, dann schenkt er mir ein Glas Wein ein. »Alles in Ordnung, ich bestell mal eine Pizza, gut?« Ich grinse. An dem Tag sitzen Florian und ich stundenlang auf dem Boden in meinem Wohnzimmer. Wir trinken Wein, und ich erzähle ihm von meinem Papa. Ich erzähle ihm kaum etwas über seinen Tod oder wie es mir damit geht, sondern ich erzähle von dem tollen Mann, der mich gezeugt und erzogen hat. Wir werden dieses und ähnliche Gespräche noch oft führen.

Mein Freund muss viel Geduld haben.

Das Thema kommt immer wieder, in unerwarteten Momenten und manchmal lache ich, manchmal weine ich. Da ist eine ewige Wunde in mir. Florian ist lösungsorientiert. Er sieht ein Problem, und dann muss es gelöst werden, so steht es auf seiner inneren Liste. Es ist schwierig für ihn, dass es hier keine Lösung gibt. Er kann mich auch nicht trösten, da gibt es keinen Trost. Er hilft mir, indem er mir zuhört. Indem er mich manche Gedanken mittlerweile seit Jahren immer und immer wieder durchkauen lässt und mich dabei unterstützt.

Der Tod eines so nahen Angehörigen stellt immer auch die Beziehung auf die Probe. Meine erste Beziehung zerbricht wenige Zeit nach dem Tod von Till, meine zweite nach dem

Tod meines Vaters. Eine Beziehung erfordert Kraft, ein Partner verlangt nach Aufmerksamkeit. Das zu geben, ist nicht möglich, wenn man in der Trauer alle Kraft und Stärke für sich selbst braucht.

Ich glaube, dass man am Ende mit seinem Schmerz immer alleine dasteht. Freunde können den Verlust des Vaters verstehen, sie können Mitleid haben, für einen da sein, aber sie können das Geschehene nie ganz begreifen. Das gilt auch für Lebensabschnittspartner. Oskar hatte eigene Probleme, mit denen er zu kämpfen hatte, und für die Beziehung ist uns beiden zunehmend die Luft ausgegangen.

Heute sagt Oskar, dass er sich irgendwann von mir lösen musste, um mit seinem eigenen Leben besser klar zu kommen. Das war egoistisch, aber für ihn wichtig, meint er.

Denn klar ist, es braucht hier von beiden Seiten viel Entgegenkommen. Das ist schwer zu geben, wenn man in Situationen steckt, die einem bis dahin unbekannt waren. Die Wucht der Ereignisse überrollt einen, und da ist kaum Zeit oder Kraft, um zu reflektieren.

In den Jahren nach dem Tod meines Vaters erkenne ich, wie schwer es manchen fällt, bei diesem Thema auch nur zuzuhören. Ich glaube, das liegt daran, dass man helfen und das unglaubliche Grauen ein wenig lindern möchte. Und der scheinbar effektivste Weg dorthin läuft über Tipps. Doch ich reagiere sehr allergisch darauf, wenn mir jemand ungefragt Ratschläge im Umgang mit dem Tod geben will.

Wer kann schon Tipps geben, wie mit dem Tod eines geliebten Menschen umzugehen ist?

Unbewusst halte ich andere Menschen auf Distanz. Und sobald ich bemerke, dass sie geradezu in mein Leben drängen und dass sie mich dazu überreden wollen, mich ihnen anzuvertrauen, gehe ich erst recht auf Abstand. Ich entscheide selbst, wann ich wem wie viel Raum in meinem Leben gebe. Ich lasse niemand anderen unerlaubt an meinen Narben rühren.

Anfangs ist in einer Beziehung so vieles neu, da reicht Oberflächliches, um einander Intimität vorzuschwindeln. Für ein richtiges Miteinander reicht es noch nicht. Als Florian und ich das erste Mal in eine gemeinsame Wohnung ziehen, wird mir das nach sehr kurzer Zeit zu eng. Das Schwindeln und Vorspielen funktioniert schlechter, wenn man Wohnung und Bett teilt. Die Nähe macht mir Angst.

Aus therapeutischer Sicht ist das leicht erklärt: Ich will mich nicht an jemanden binden, weil ich Angst habe, wieder jemanden zu verlieren. Doch diese Angst ist ja nicht konkret sichtbar, sie äußert sich anders. In Ablehnung, in Trotz, in Gesprächsverweigerung.

Ex-Liebhaber werfen mir gelegentlich vor, ich hätte ein Problem mit Verpflichtung und einer ernsthaften Beziehung, und all das stimmt, aber irgendwie muss ich nun sagen: Es kam wohl auf den Mann an. Denn ich will die Nähe und das Vertraute ja, ich weiß nur nicht, wie ich es zulassen kann, ohne meinen Selbstschutz zu sehr aufzugeben. Florian verlangt an wenigen Stellen ein Zugeständnis, an anderen nicht. Er geht behutsam und trotzdem beharrlich vor.

Wir erarbeiten uns das gemeinsame Leben hart, es braucht viele Kompromisse. Aber wir finden einen Weg, dass die Figur meines Vaters kein übermächtiger Schatten wird, der auf der

Beziehung liegt. Wir räumen ihm den Platz und die Wichtigkeit ein, die er braucht und die er auch in meinem und nun in unserem Leben hat, aber wir legen fest, wie groß der Platz ist und wann er mehr und wann weniger präsent ist.

Florian hat mir noch nie Tipps gegeben, wie ich mit meiner Trauer umgehen soll. Nur, wenn ich ihn frage.

Meine Freundinnen haben mir dabei geholfen, mich aufzurappeln, sie haben sich um mich gekümmert und jede von ihnen kann mittlerweile die Cocktailkarte rauf und runter mixen wie nichts, weil wir monatelang nichts anderes gemacht haben. In einem Überlebensset wären sie wohl das Erste-Hilfe-Flickzeug.

Florian hat mein notdürftig geflicktes Innenleben dann Stück für Stück behutsam auseinander genommen. Das hat wehgetan, ihm und mir. Aber dann habe ich es wieder zusammengesetzt. Ganz alleine. Manchmal kommt die größte Lebenshilfe wohl unerwartet und auf den zweiten Blick.

Ich habe immer noch Angst vor dem Verlassenwerden, und ich bestehe immer noch sehr auf meine Selbständigkeit, aber ich habe einen Mann gefunden, der es geschafft hat, dass ich Festgefahrenes wieder auflöse – auf die Gefahr hin, dass ich nicht mehr alles kontrollieren kann.

33 SCHLAFEN

Unter den Aufzeichnungen meines Vaters gefunden,
mit der Hand auf einen Zettel gekritzelt, 2007

Du musst zu einem Psychiater, Schatz!
Psychiaterin wäre mir lieber. Eine wohlgerundete! Die haa-
rigen Beine Tills, wenn er kurzbehost die Treppe, die hell-
hölzerne Wendeltreppe, in mein Studio hinaufsteigt. Missa
solemnis von Beethoven, er hat das als sein höchstes Werk
geschätzt. Michael Haydn, Organist in Salzburg, Mozart ….
Zettel, Zettel, Zettel. Arno Schmidt. Z's Traum. Shakespeare.
Ordnung schaffen! Sabine schafft das. Sussi hat sie engagiert.
Sonderbar! Ab-Sondern. Möglich, etwas abzusondern.
Streichbar. Streichfähig!!! Sünde – absondern von Gott.
Fürchte = Ehr-fürchtig. Wie man mit Worten umgeht! Man!
Man – Wo-man. La lune, le soleil = Die Sonne / Der Mond –
Blöd! On dit. One – jemand. Busch. Ein Jemand, eine Jeman-
din. Herzlich küsste. Wilhelm Busch – Assoziationen –
Bush – Irak – Amerika …
Schlafen / Schlafen können, ohne Albträume / Ewig. Tief. /
Erfrisch erwachend.

34 MAMA

Es ist nicht der Schmerz, es ist die Art von Schmerz, die sich verändert.«

»Was meinst du, Mama?«

»Ich habe den Großteil meines Lebens mit deinem Vater verbracht. 35 Jahre lang war da ein inniges Miteinander. Ich habe ihn mit 25 Jahren kennengelernt, und alle Erinnerungen an diese vielen Gemeinsamkeiten habe ich jetzt nur noch alleine. Wir haben eure drei Geburten gemeinsam erlebt, Freuden und Sorgen in eurem Heranwachsen geteilt, die Schafzucht und alles, was mit einem bäuerlichen Leben zusammenhängt, das tägliche Auf und Ab zu Hause: Das alles gehört zu unserer gemeinsamen Geschichte, und ich konnte mit ihm darüber reden und lachen. Jetzt ist das wie weggeschlossen.«

»Du kannst es mit uns teilen. Oder mit Freunden.«

»Ja, aber das ist nicht dasselbe. Es macht einen Unterschied, ob ich mit jemandem eine gemeinsame Geschichte habe, oder ob ich jemandem aus dieser Geschichte erzähle. Man wird auch einsam, weil man prägende Dinge der Vergangenheit mit niemandem teilen kann.«

»*Ist dir das von Anfang an so gegangen?*«

»Vorher ist mir das nicht so aufgefallen, aber jetzt wird es mir immer mehr bewusst. Ich könnte schon mit jemandem neu anfangen, aber ich will meine Geschichte mit Erhard auch behalten, und momentan scheint mir das schwer mit einer neuen Beziehung zu vereinbaren. Ich habe das Gefühl, dass ich mein Leben alleine verbringen werde. Für einen Neubeginn braucht man die Energie, das Alte wegzulassen. Den Großteil meines Lebens hab ich mit Erhard hier auf unserem Land verbracht. Ich müsste alles verlassen, was mir bis jetzt wichtig war. Könnte ich euch Kinder in eine total neue Zukunft mitnehmen?

Oder müsste ich euch auch zurücklassen? Ich müsste mein Leben neu definieren. Manchmal denke ich, ich bin stark genug, doch allein der Gedanke daran schnürt mir das Herz ab. Kann auch sein, dass ich alles zu streng sehe und ich es mir zu schwer mache, aber momentan ist es für mich so. Es hängt sicher auch mit meinem Alter zusammen.«

Schweigen. Vögel zwitschern. Der Nussbaum bewegt sich leicht im Wind.

»*Macht dich das wütend?*«

»Es macht mich weniger ärgerlich als traurig, dass er mir das auch genommen hat. Manchmal denke ich, dann wäre er halt unbeweglich ans Bett gefesselt. Wenigstens hätten wir dann noch miteinander reden können. Durch seinen Tod hat er uns auch die gedachte, gemeinsame Zukunft genommen.«

»Wäre es etwas anderes, hätte er einen Herzinfarkt gehabt?«

»Da könnte ich ihm zumindest nichts vorwerfen. So bleibt der ewige Gedanke: Hätte er nicht noch warten können? Hätte er sich nicht verabschieden können? Hätte er nicht wenigstens mit mir noch besprechen können, wie es weitergehen soll?«

»Aber du sagst doch immer, er konnte nicht mehr.«

»Trotzdem kommt der Ärger in Wellen, und trotzdem kommt der Gedanke manchmal wieder. Ja, er konnte nicht mehr. Er hat so lange durchgehalten, wie er nur konnte.«

Mama steht auf. Sie holt aus dem Haus ein Glas Wasser und bleibt kurz unter dem Nussbaum stehen.

»Weißt du, was wirklich schmerzlich ist? Dass er trotz all der vielen Ehejahre, in denen er doch gespürt und erlebt hat, dass ich alles mit ihm trage und ihn nicht im Stich lasse, dass er da nicht noch einmal mit mir geredet hat. Er wird Angst gehabt haben, dass wir dann alle auf ihn einreden und dass ihn der

Mut verlässt … Ich habe so viel in diese Beziehung investiert, mehr hätte ich gar nicht geschafft. Und dass er dann immer noch nicht das Vertrauen hatte, sich zu öffnen.«

»Es ist ein Vertrauensbruch, dass er sich nicht geöffnet hat. Warum denkst du, hat er das nicht gemacht?«

»Ich glaube, er war zum Schluss in einem immer enger werdenden Tunnel. Egal, was ich ihm vorgeschlagen habe, egal, wie viel und worüber ich mit ihm geredet habe, er ist nicht abgegangen von seinen Weltuntergangsphantasien. Er hat nur noch Schwarz gesehen, und nichts konnte ihn rausholen. Deswegen war ich auch so überrascht und erleichtert, dass er mit mir in der Woche vor seinem Tod unterwegs war und so ausgelassen und fröhlich gewirkt hat!«

»Du hast mit anderen nicht darüber geredet, oder? Tut dir das leid?«

»Ich denke viel darüber nach. Aber ich war ja selber am Ende. Da war auch immer das stille Einvernehmen zwischen uns, dass wir nichts hinter dem Rücken des Anderen unternehmen, mit dem er nicht einverstanden wäre. Ich wusste, dass er auf keinen Fall wollte, dass ich über seinen Zustand rede. Es wäre ein arger Vertrauensbruch gewesen. Ich habe mein Möglichstes getan, ihn dazu zu bewegen, selbst Hilfe zu holen. Und selbst wenn ich wem gesagt hätte, Erhard ist so depressiv – ich hätte höchstens gutgemeinte Ratschläge gekriegt, die sich nie umsetzen hätten lassen, weil er sich ohnehin geweigert hat.

Ich habe alles versucht: ihn aufzumuntern, ihn zum Arzt zu bringen, eine Therapie vorzuschlagen …

Im ersten Moment nach seinem Tod war da sogar eine Art Erleichterung: weil ich selbst zu Tode erschöpft war und mit meiner Energie am Ende.«

»Und was hast du dann gespürt?«

»Ich war sehr lange sehr wütend auf ihn. Weil er euch Kindern das angetan hat und weil ich zum zweiten Mal die Aufgabe übernehmen musste, euch über den plötzlichen Tod eines ganz nahen, geliebten Menschen zu informieren.«

Schweigen. Weinen.

»Er hat ja schon in jungen Jahren gesagt, dass er seinen Tod selbst in die Hand nehmen wird. Da hätte er doch wenigstens alles besser vorbereiten können – ein Testament hinterlassen, seinen letzten Willen. Es wäre soviel leichter gewesen und hätte mir viel Last abgenommen. Es ist so unfassbar, dass es ihm, der doch alles geregelt hat, scheint's egal war, was wir weiter tun, was mit uns weiter geschieht. Und plötzlich musste ich Entscheidungen treffen, die ich eigentlich mit eurem Vater hätte treffen müssen oder bei denen ich zumindest von ihm Unterstützung hätte kriegen müssen. Ich musste euch auf einmal gerecht werden. Ganz alleine. Er hätte zumindest eine gewisse Ordnung hinterlassen können …«

»Er hat uns im Stich gelassen. Und du hattest plötzlich die Verantwortung für alles alleine.«

»Vorher haben wir alles gemeinsam getragen. Alle Entscheidungen über das Haus, euch Kinder … Alleine überlege ich mir jede Entscheidung jetzt hundert Mal. Und ich verstehe manche seiner Entscheidungen teilweise besser: Ich war früher immer der ausgleichende Part. Ich habe ihn beruhigt, ich habe euch beruhigt … Jetzt geht das nicht mehr, und wenn ich eine Entscheidung treffe, die euch nicht gefällt, muss ich euren Ärger alleine aushalten. Würde ich zum Beispiel das Haus und das Land verkaufen, wäre Arvid unglaublich verletzt und wütend.

Und wie du auch schreibst: Wir halten die Wut der anderen nur schwer aus, wir halten Streit untereinander nur schwer aus. Das ist ja klar. Plötzlicher Tod stellt die Sicherheit des Lebens in Frage. Aber ich finde, allmählich können wir auch wieder ganz gut streiten miteinander.«

Schmunzeln.

»Wie gehst du mit deinem Ärger auf ihn um?«

»In der ersten Zeit habe ich das völlig negiert. Ich habe mir eingeredet, dass er ein paar Monate auf Regiearbeit auf einem anderen Kontinent ist. Dann habe ich es für mich lange geteilt: Ich war wütend auf den Mörder, der das getan hat, aber auch unglücklich, traurig und mitfühlend für das Opfer. Er war ja auch sein eigenes Opfer.«

»Wie ist das jetzt?«

»Jetzt ist die Realität da. Aber noch bleibt die Hilflosigkeit. Oft denke ich, warum kann ich nicht dieses oder jenes mit ihm besprechen ...«

»Wird es denn besser?«

»Ja, es wird besser. Ich erlebe zwar immer noch Momente der intensiven Trauer und Wut – überraschend und schmerzlich wie anfangs, doch seltener, und ich komme schneller wieder aus diesem Zustand heraus. Auch die Vorwürfe, die ich ihm mache, sind vom Herzen her genau die gleichen – nur der Verstand schaltet sich jetzt vermehrt ein, und ich bin verzeihender.«

»Manchmal kann ich gar nicht glauben, dass das alles wirklich passiert ist. Da erschrecke ich wieder aufs Neue.«

»Ja, da ist immer noch eine große Fassungslosigkeit. Dass er das wirklich getan hat. Dabei hat er schon vor unserer Ehe gesagt: Ich werde nicht krank werden und dann langsam dahinsiechen. Ich werde meinen Tod selbst bestimmen. Aber damals war er 34, gestorben ist er mit 67. Ich hoffte doch, dass das Leben mit einer Familie ihn umdenken lässt. Ich sehne mich immer wieder danach, mit ihm alt zu werden, und weiß doch, dass es unmöglich ist.«

»Wieso glaubst du, hat er es jetzt getan?«

»Tills Tod hat ihn wirklich zerbrochen. Ich glaube, daran liegt es zum Großteil. Der Rest? Ich weiß es nicht. Ich kann es mir in einzelnen Punkten zusammenreimen, aber bis ins Letzte kann ich es nicht verstehen. Dabei hat er noch mühsam versucht, die Realität aufrechtzuerhalten. Er hat zum Beispiel ein paar Monate vor seinem Tod gesagt, er nimmt jetzt bei einem Kurzgeschichten-Wettbewerb teil und schreibt etwas über Oscar Wilde. Nach seinem Tod habe ich überall gesucht, unter den Ausdrucken, auf den Computern. Er hat nicht ein Wort geschrieben.«

»Glaubst du, er hat vor seinem Tod noch an uns gedacht?«

»Nein. Er hatte das Gefühl, dass ihn niemand mehr braucht, dass wir gut ohne ihn zurechtkommen. Ich glaube, er hat überhaupt nicht darüber nachgedacht, wie es uns damit gehen wird und wie das alles für uns sein wird. «

Schweigen.

»Gibt es etwas, das dir geholfen hat?«

»In erster Linie hat mir geholfen, dass ihr da seid, dass ich euch gegenüber Verantwortung habe. Ich hatte eine sehr liebevolle, Sicherheit gebende Kindheit, die mir unglaublich viel Kraft gibt. Ich denke auch, dass diese Jugendjahre, in denen ich intensiv bergsteigen war, mir geholfen haben. Das Wissen, etwas bewältigt zu haben, das im ersten Moment nicht zu bewältigen scheint, gibt mir großen Halt.

Der Glaube hat mir auch geholfen. Da gibt es diese Textzeile: ›Größer als der Helfer ist die Not ja nicht.‹ Darauf möchte ich vertrauen, auch wenn es oft schwerfällt.

Ja, und die Anteilnahme von so vielen Menschen, die Erhard gekannt und geliebt haben, die in ihrer Fassungslosigkeit unsere Trauer mitgetragen haben, hat mir viel Kraft gegeben.«

»Hat der Tod von Papa etwas in dir unwiderruflich geändert?«

»Ob unwiderruflich weiß ich nicht – hoffentlich nicht – aber Angst davor, dass einem von euch etwas passiert, ist jetzt schon mein ständiger Begleiter. Früher hab ich darauf vertraut, dass nichts passiert, was nicht auch wieder repariert werden kann. Diese Zuversicht hat schon einen gewaltigen Stoß durch Tills Tod erfahren. Aber nun muss ich immer meinen Verstand dazu einschalten und mich zur Ordnung rufen. Es ist viel Sicherheit verlorengegangen.

Und er hat mir unsere gemeinsame Geschichte genommen. Die hab ich nun nur noch allein.«

»Siehst du unsere Familie heute anders?«

»Es ist wie bei einem Mobile: Wenn sich die Familienstruktur langsam ändert, stellen sich alle unbewusst auf die kommende Situation ein. Dadurch kann das sensible Gleichgewicht erhalten bleiben. Das plötzliche Wegfallen aber hat alles zusammenbrechen lassen. Man muss viel aufeinander achten, hinhören, eigene Positionen überdenken, korrigieren, unendlich viel Geduld haben und Vertrauen darauf, dass jeder wieder eine feste Familienstruktur haben will. Es macht mich stolz, wenn du schreibst, wie wir als Familie mit dem Tod von beiden umgehen. Ich denke, wir sind auf einem guten Weg.

35 WEISE

Ein Gedicht meines Vaters,
geschrieben im September 1992

Der Narr sagt:
Angst
ich
habe Angst
vor
dem Tod

Der Narr sagt:
Das Sterben
ängstet
mich!

Der Narr fragt:
Wohin
werde
ich
gehen,
wenn ich sterbe?

Der Weise antwortet:
Wo
warst du,
bevor
du
geboren wurdest?

36 BANALES

Willst du ein Eis? Saskia?« Florian ruft es mir zu, ich schre-cke auf. »Nein, danke, ein Bier reicht mir völlig.« Ich grinse ihn an, er nickt und bringt mir eine Dose. Dann geht er wieder zum Grill. Ich sehe ihm nach, auf einmal lässt sich Oskar auf den Sitz neben mich fallen.

»Na, alles okay?«, sagt er und sieht mich aufmerksam an.

Ja, alles okay.

Die Sonne brennt heiß auf meiner Haut, der Wind geht nur leicht, meine Füße stecken in einem Bottich mit kaltem Was-ser, das ist angenehm. Florian und ich haben ein paar gute Freunde eingeladen, um mit uns auf der Terrasse zu grillen. Oskar und seine Freundin sind auch da. Es ist die Woche vor dem fünften Todestag meines Vaters.

Ich lehne mich zurück. Arvid hat mit mir die Terrasse begrünt, er ist Landschaftsgärtner, und ich habe von Pflanzen kaum eine Ahnung, aber er hat mir alles beigebracht, und wir haben zwei Tage mit Umtopfen und Aussäen verbracht und hatten eine Menge Spaß dabei. Jetzt ist da ein buntes Dickicht aus verschiedenen Pflanzen, wo ein Apfelbaum neben einer kletternden Clematis steht und Erdbeeren neben fast zwei

Meter hohem Bambus wachsen, es ist genauso, wie ich es haben wollte, und ich fühle mich sehr wohl.

Wenn ich aufstehe, kann ich über einen Teil Wiens sehen, ich liebe diese Weite, aber ich bleibe sitzen. Ich beobachte Florian, der am Grill steht, und Andreas, der neben ihm auf das Fleisch deutet und etwas sagt, und wie beide sich dann leicht besorgt, leicht amüsiert darüber beugen. Giuli steht in ihrem langen roten Sommerkleid neben Renate und Birgit, sie rauchen und trinken Bier. Kurz muss ich daran denken, wie viel die drei in den vergangenen Jahren erlebt haben. Wie viel wir miteinander erlebt haben.

Oskar reißt mich aus meinen Gedanken.

»In einer Woche ist der sechste«, sagt er.

»Ich weiß.«

»Du siehst glücklich aus.«

Wir schweigen beide. Ich lache ihn an.

»Ich bin furchtbar glücklich.«

Das bin ich wirklich. Manchmal denke ich, vielleicht bin ich schon deswegen zeitweise so glücklich, weil ich mich so sehr darüber freue, dass ich nicht mehr so unglücklich bin.

In den vergangenen Jahren habe ich nicht daran geglaubt, dass ich mich je wieder so fühlen werde. Irgendwann habe ich gar nicht mehr darüber nachgedacht. Das Dunkle und Schwere war in meinem Leben integriert, ich habe es gar nicht mehr bemerkt. Dass es einem schlecht ging, merkt man manchmal erst dann, wenn es einem besser geht. Wenn man lange in Trauer lebt, wird sie zur Normalität, und erst wenn es wieder besser geht, erkennt man, dass es nicht normal war.

Als ich spüre, dass es bergauf geht, ist es drei Jahre nach dem Tod meines Vaters. Ich stehe an einer Straßenecke. Mir gegenüber ist ein Coffeshop. Der Coffeshop. Ich bin am selben Ort wie an jenem Montag im Jahr 2008. Ich starre auf die Frontscheibe und warte darauf, dass der Schmerz einsetzt.

Nichts passiert.

Ich bleibe ein paar Minuten stehen, dann drehe ich mich um und gehe ganz langsam die Treppe hinunter zur U-Bahn.

Auf einmal, vollkommen unerwartet und aus dem Nichts, bin ich glücklich. Eine unglaubliche Leichtigkeit ist in meiner Brust, in meinem Bauch ein leichtes Kribbeln. Das eine treibt das andere an. Pure Euphorie.

Nur nicht bewegen, nur nichts machen, denke ich mir. Hinauszögern, so lange es geht. Ich setze mich auf eine der Bänke. Ganz ruhig weiter atmen. Die U-Bahn kommt, ich lächle den einsteigenden und aussteigenden Menschen glücklich zu, sie sehen mich misstrauisch an. Die U-Bahn fährt ab, ich bleibe sitzen.

Es ist, als hätte jemand eine schwere dunkle Decke von mir genommen. Auf einmal kann ich wieder den Himmel sehen und riechen, schmecken, fühlen. Es versetzt mich in ein unglaubliches Hochgefühl. Etwas, woran ich gar nicht mehr geglaubt habe, ist zu mir zurückgekommen.

Was für eine Erleichterung!

Ich warte noch auf ein paar weitere U-Bahnen. Langsam flaut das Gefühl in mir ab. Irgendwann steige ich dann ein, zu meinem Termin komme ich fast eine halbe Stunde zu spät, und noch nie war mir etwas so egal. Heute weiß ich nicht mehr, wohin ich überhaupt musste, aber an diesen Moment werde ich mich für immer erinnern.

In den kommenden Monaten, wenn alles wieder beim Alten ist, kann ich mir das Gefühl sogar manchmal wiederholen, wenn ich nur lange und intensiv genug daran denke.

Es wäre falsch zu sagen, dass es danach steil bergauf geht. Es ist wie vorher auch: Es geht besser und dann wieder schlechter, die Wellen kommen und gehen. Aber die Momente, in denen es mir besser geht, werden merklich besser und die schlechten Momente bleiben nur so schlecht, wie sie es zuvor schon waren.

Trauer hat keine Deadline.

Mir hilft, dass wir in unserer Familie so offen mit dem Thema umgehen. Aber vor allem auf dem Land wird Suizid immer noch als Schande für die Familie wahrgenommen.

Suizid ist ein Tabu.

Im Mittelalter wurden die Familienangehörigen von Suiziden ten enteignet und aus der Dorfgemeinschaft verbannt. Ich glaube, das Tabu liegt an diesem faszinierenden Schrecken, den ein Suizid an sich hat. Das eigene Leben zu bewahren ist ein Grundprinzip. Selbsterhaltung ist, was uns antreibt. Das Sich-selbst-töten kehrt das Prinzip der Lebenserhaltung um und das auch noch auf eine unabänderliche Art und Weise. Die Selbsttötung überschreitet eine Grenze, die in unserem Selbstverständnis als unüberschreitbar gilt.

Fünf Jahre nach dem Tod meines Vaters sitze ich im Auto. Ich weiß nicht mehr, wohin ich unterwegs war, nur noch, wie vor meinen Augen auf einmal alles verschwimmt. Da war nichts Trauriges, was mich an ihn erinnert hätte, es war auch kein Jahrestag oder Geburtstag, es hat auch nicht nach ihm gerochen.

Ich war einfach todtraurig, von einem Moment auf den anderen. Diese Trauer ist immer in mir und in jedem, der einen Menschen verliert, den er geliebt hat. Wer wird mir sagen können, wann es der Trauer genug ist?

Vier Jahre nach dem Tod meines Vaters stehe ich in der Küche und sortiere das Geschirr aus dem Geschirrspüler ein. Ich bin schon den ganzen Morgen über schlecht gelaunt, irgendetwas in mir zieht und zieht, ich bin gereizt, und dann ritze ich mich zufällig an einem Messer auf. Als ich das Blut sehe, werde ich so jähzornig, ich zerschlage zwei Teller voller Wut auf dem Küchenkasten, bevor ich mich auf den Boden setze und durchatme.

In mir wieder und wieder die hilflose Frage: »Wieso ist er tot?« Wieso muss ich damit leben? Wieso geht es mir immer noch so schlecht? Wieso muss ich so hart darum kämpfen, wieder ich selbst zu werden, wo ich es doch noch nicht einmal verschuldet habe?

Wer wird mir sagen können, wann diese Wut wieder völlig weg ist?

Ich bin ein sehr ungeduldiger Mensch, ein Kopfmensch, wenn ich mich zu etwas entschließe, dann will ich es auch schnell umsetzen. Es ist eine harte Lektion, die ich in diesen Jahren nun lerne: Trauer gibt einen Dreck auf meine Ungeduld.

In unserer Gesellschaft lernen wir, dass wir nach einer gewissen Zeit wieder zu funktionieren haben. Der Tod hat keinen Platz im Leben. Unsere Gesellschaft drängt das Sterben und das Lebensende immer weiter an den Rand, und dabei ist doch beides immer mehr unter uns. Nur sichtbar gemacht wird es nicht. Dabei wäre das wichtig. Es braucht Raum für Trauer.

Denn sie ist gegenwärtig. Das Mitgefühl, das man anfangs Trauernden gegenüber aufbringt, ist schön – aber weder hält es über Monate noch muss das sein. Es reicht Respekt. Trauernde dürfen nicht unter Druck gesetzt werden, nach zwei Monaten ihr Leid abzulegen und wieder zu funktionieren, weil sie Angst davor haben, dass sie anderen sonst auf die Nerven gehen oder belächelt werden.

In manchen Kulturen ist es immer noch so, dass nach dem Tod eines geliebten Menschen ein Jahr lang Schwarz getragen wird – so dass alle sehen: Dieser Mensch ist in Trauer. Wir glauben, nach dieser oder jener Zeitspanne kann der Tod abgehakt werden. Das ist nicht so.

Wir verlernen, Geduld mit uns selbst zu haben. Wir verarbeiten nicht mehr nach unserer eigenen inneren Uhr, sondern orientieren uns an anderen. Anstatt auf uns zu hören, lesen wir lieber Ratgeberbücher: Ah, der hat acht Monate gebraucht, dann ging es ihm besser. Ah, das ist also die vierte Phase der Trauerbewältigung.

Aber vielleicht brauche ich acht Jahre statt acht Monate. Vielleicht kommt bei mir nach Phase vier der Trauerbewältigung wieder Phase eins.

Wer weiß das schon. Wer kann es mir schon sagen? Und ist das überhaupt wichtig? Oder ist wichtig, wie ich durch mein Leben komme?

Ohne meine Freundinnen wäre ich an meiner scheinbaren Unzulänglichkeit, mit der Trauer im vorgegebenen Zeitrahmen fertig zu werden, gescheitert. Denn selbst setzt man sich am meisten unter Druck. Die Trauer kann mich so unvermittelt packen, ich kann sie nicht kontrollieren, und muss ich dann an mir zweifeln, weil ich sie noch immer nicht hinter mir lassen kann?

Ein Jahr nach dem Tod meines Vaters kauft Renate einen Cocktailmixer, triumphierend bringt sie ihn in meine Wohnung. Es sind ungezählte Abende, die ich mit ihr auf der Couch verbringe. Mit ihr, mit Giuli, mit Birgit. Wir reden viel über den Tod, über das Verlassenwerden und den Schmerz, Wut und Trauer, aber wir lachen auch viel, blödeln, reden über Männer, Jobs und Kleidung. Dass ich heute zum Teil wieder ich selbst sein kann, verdanke ich auch dem Wissen, dass die Mädls mich nie alleine lassen werden.

Ein Suizid zieht immer weitere Kreise, als angenommen wird. Er erschüttert Menschen, die eigentlich nicht auf dem Radar sind.

Viele Menschen wissen nicht, wie sie das Thema ansprechen oder wie sie den unmittelbar Betroffenen begegnen sollen. Sie wollen helfen, aber sie wollen nicht aufdringlich sein. Sie wissen nicht, ob und was sie fragen dürfen und was zu intim ist. Ich bin mir sicher, es ist ganz egal, welche Frage es ist, die gestellt wird. Hauptsache es wird eine Frage gestellt.

Es ist das Wichtigste, dass es möglich ist, über das Entsetzen zu reden und das Gefühl zu haben, damit niemandem zur Last zu fallen. Ich möchte lieber sagen können, nein, heute will ich bitte nicht darüber reden, als sagen zu müssen, bitte, können wir darüber reden, dass mein Vater sich getötet hat?

»Wie geht es dir mit dem Buch?«, fragt Oskar. Ich überlege. »Es ist anstrengend und wirklich schön zugleich«, sage ich. Das Buch zu schreiben fällt mir schwer und leicht zugleich. Wenn es mir zu viel ist und ich nicht mehr an meinen Vater und meinen Bruder denken mag, dann lege ich alles weg und schreibe lange Zeit nichts. Es arbeitet ohnehin in mir.

Manchmal liege ich nächtelang wach, weil ich mich an so viel erinnere, weil es mir so vorkommt, als wäre mein Vater nur einen Telefonanruf weit weg. Einmal gehe ich eine Straße entlang, auf dem Weg zu einem Termin, und auf einmal habe ich das Gefühl, als würde mein Vater neben mir gehen. Ich kann seine Anwesenheit fast spüren. Ich muss lächeln, und dann versuche ich ihn zu materialisieren: Ich stelle ihn mir ganz genau vor, jede Falte, jeden Bartstoppel, jedes Haar. Ich versuche mir vorzustellen, wie er da in seinem jugendlich-ausgreifenden Gang neben mir geht. Ich erinnere mich auf einmal sogar wieder an seinen Geruch.

Es erstaunt und beruhigt mich, wie stark meine Erinnerung an ihn noch ist. Je mehr Jahre vergehen, desto mehr Sorge habe ich, dass ich die Dinge um ihn herum vergesse. Und ihn damit ein Stück vergesse. Doch irgendwo tief in mir habe ich alles gespeichert und meine intensive Beschäftigung mit ihm holt die Erinnerung wieder hervor.

Noch heute ist mir an manchen Tagen eine Welt, in der dieser Mann, in der mein Vater nicht mehr existiert, nicht vorstellbar. Es ist fast schon komisch, wie intensiv ich mich nun mit ihm beschäftige, wo er doch tot ist, und es so nie getan hätte, als er noch gelebt hat. Früher sehe ich es als eine Selbstverständlichkeit an, dass es manche Menschen um mich herum gibt und wohl immer geben wird. Das Leben lenkt einen ständig ab.

Ich glaube, dass ich auch deswegen viel Wert darauf gelegt habe, mit Martin und Oskar befreundet zu sein, weil sie meine Welt noch so kannten, wie sie einmal war. Sie sind Teil meiner Erinnerungen, die umso kostbarer sind, weil diese Welt nicht mehr existiert. Ich verstehe, wenn meine Mama sagt, die Einsamkeit kommt auch, weil man niemanden mehr hat, mit dem man die Erinnerungen teilen kann.

Oskar murmelt etwas, und ich tauche aus meinen Gedanken wieder auf. Ich verstehe ihn nicht und frage nach, und er erzählt mir von einem Buch, das ihm mein Vater geschenkt hat und in dem er unlängst gelesen hat.

Es ist ein Buch über Musik, und Oskar sagt, immer wenn er Gitarre spielt, erinnert er sich wieder an die Ratschläge meines Vaters. Es ist erstaunlich, wie viele Menschen er berührt hat, wie viele Menschen sich noch so deutlich und respektvoll an ihn erinnern. Es tut weh, aber es ist auch schön. Er hat wohl das Maximum aus seinem Leben herausgeholt, und was sonst kann der Sinn eines Lebens sein?

Ich höre, wie es unten in der Wohnung läutet. Arvid und seine Freundin sind da. Ich laufe die Treppe hinunter. Ich bin etwas aufgewühlt, also umarme ich ihn ganz fest. »Ich lieb dich ja so!«, sage ich. »Oh Gott, bitte hör auf zu heulen, Schwester«, antwortet er grinsend und klopft mir auf die Schulter. Dann umarmt er Florian, und die beiden gehen vor mir die Treppe hinauf.

Völlig banal. Und es ist wirklich nur banal.

Wunderschön.

37 ABSCHIED

Aus den Aufzeichnungen meines Vaters, geschrieben im Jahr 2000

»Wenn ich tot bin, sei traurig – eine überwältigende Sekunde lang. – Und glücklich zuletzt, weil du lebst und ich dich liebte. E.«

Ist gut, Papa.

DANK

Dieses Buch würde es ohne meine Familie nicht geben – auf die denkbar schlimmste und die denkbar schönste Art. Ich bedanke mich bei meiner Mutter Susanne, die mir Vorbild und Freundin ist und die mir in den furchtbaren Zeiten der Trauer mit ihrer Weisheit und ihrer Überlegtheit geholfen hat, wieder Boden unter den Füßen zu kriegen.

Ich danke Arvid dafür, dass ihm die Todesfälle nichts von seiner polternden Zuversicht und seiner Gutherzigkeit nehmen konnten. Ich danke seiner Freundin Maria dafür, dass sie ihn versteht und ein ruhender Pol in unserer Familie geworden ist.

Ich danke Florian Gossy dafür, dass er mich liebt und mir einen Rahmen geschaffen hat, in dem es mir möglich war, an meine schmerzlichsten Erinnerungen zu rühren.

Ich danke Christoph, Konny, Jan und Thomas dafür, dass sie zu meiner Familie gehören.

Ein besonderer Dank gebührt Stefan Schlögl. Dieses Buch zu schreiben war eine publizistische, vor allem aber eine menschliche Herausforderung. Stefan hat die fertigen Textteile als Erster gelesen. Er hat mir die richtigen Fragen gestellt und Antworten angemahnt. Auf eine besondere Art hat er es geschafft, mitfühlend und unnachgiebig zugleich zu sein. Wir waren von Anfang an einig darüber, wie dieses Buch werden soll, und wir haben hart daran gearbeitet, unser Ziel zu erreichen.

Ich danke Anna Giulia Fink, Renate Stangl, Birgit Wittstock und Anita Zielina dafür, dass sie mir eine zweite Familie geworden sind, in der ich lachen und weinen und uneingeschränkt vertrauen kann.

Ich danke Markus Radits, Gunther Müller, Gudrun Gibiser-Poller, Kaspar Fink, Rainer Schüller, Julia Hofer, Slaviša Žeželij, Benedikt Narodoslawsky und Andreas für ihre Freundschaft.

Ich danke Marko Jacob dafür, dass er daran geglaubt hat, dass ich dieses Buch schreiben kann.

Ich danke Mag. Bernhard Müllegger dafür, dass er mich im vergangenen Jahr mit Rat begleitet hat.

Ich danke Dr. Michael Bünker, Bischof der Evangelischen Kirche A. B. in Österreich, Univ. Prof. Dr. Gernot Sonneck und Pfarrer Mag. Gerhard Gabel für ihre Zeit und ihre Hilfe bei den Recherchen.

Ich danke meiner Lektorin Martina Seith-Karow und dem Fischer Verlag für ihre Unterstützung.

Ich danke meiner Tante Brigitte für den liebevollen Zuspruch.

Ich danke meinem Vater Erhard für sein Leben voller Stärke und für alles, was ich seinetwegen bin.

HILFE

DEUTSCHLAND:

Bundesweite Beratungsangebote für Suizidgefährdete:
Notfall-Seelsorge (auch Suizid-Prävention):
    08 00-111 0 111 (ev.)
    08 00-111 0 222 (rk.)
    08 00-111 0 333 (für Kinder und Jugendliche)

Informationen über Selbsthilfegruppen:
Nationale Kontakt- und Informationsstelle zur Anregung und
    Unterstützung von Selbsthilfegruppen (NAKOS):
    030-31 01 89 60
Deutsche Gesellschaft für Suizid-Prävention (bietet unter
    anderem eine umfassende Liste von regionalen Einrichtun-
    gen): 09 21-28 33 01

Eine Auswahl regionaler Beratungsangebote für
Suizidgefährdete:

Baden-Württemberg: Arbeitskreis Leben e. V. Stuttgart
07 11-600 620 (es sind auch andere
Standorte vorhanden)

Bayern: Krisendienst Psychiatrie München:
089-729 59 60

Berlin: Berliner Krisendienst: 030-390 63 00

Brandenburg: Sozialpsychiatrischer Dienst:
033 81-58 53 22

Bremen: Sozialpsychiatrischer Dienst:
Bremen-Mitte: 04 21-79 03 33 10
(es sind auch Standorte in anderen
Stadtteilen vorhanden)

Hamburg: Lotse Psychosoziale Kontakt- und
Beratungsstelle: 040-75 66 01 75

Hessen: Krisen- und Lebensberatungsstelle
Frankfurt: 069-150 12 34

Mecklenburg-
Vorpommern: Seelsorgerische und psychologische
Beratungsstelle Rostock: 03 81-277 57

Niedersachsen: Psychosozialer und psychiatrischer
Krisendienst der Region Hannover:
05 11-30 03 34 70

Nordrhein-
Westfalen: Wendepunkt – Wuppertaler Krisendienst GmbH: 02 02-244 28 38

Rheinland-Pfalz: Telefonseelsorge Mainz-Wiesbaden:
08 00-111 0 111

Saarland:	Sozialpsychiatrische Beratungsstelle
	Saarbrücken: 06 81-506 53 01
Sachsen:	Psychosozialer Krisendienst Dresden:
	03 51-817 81 40
Sachsen-Anhalt:	Notfallseelsorge Magdeburg:
	03 91-733 12 21
	(Alarmierung des Notfallseelsorge-
	Teams über die Rettungsleitstelle
	Magdeburg: 112)
Schleswig-Holstein:	Psychiatrische Institutsambulanz Kiel:
	04 31-78 053 33
Thüringen:	Notfallseelsorge Erfurt:
	036 05-54 57 15

Selbsthilfe für Hinterbliebene nach Suizid eines Angehörigen:

AGUS e. V. – Angehörige um Suizid: 09 21-150 03 80

Anuas e. V. – Hilfsorganisation für Angehörige von Mord-/
  Tötungs-/Suizid- und Vermisstenfällen: 030-25 04 51 51

Telefonhilfe für Trauernde: 07 00-70 40 04 00

ÖSTERREICH:

Beratungsangebote für Suizidgefährdete:

Rat und Hilfe im Krisenfall bietet die Psychiatrische
  Soforthilfe rund um die Uhr:
  01-313 30 (täglich 0–24 Uhr)

Kriseninterventionszentrum: 01-406 95 95
  (Mo–Fr 10–17 Uhr)
Die Boje, Hilfe für Kinder und Jugendliche: 01-406 66 02
  (Mo–Fr 9–14 Uhr)
Rat und Hilfe bei Suizidgefahr: 08 10-97 71 55
Sozialpsychiatrischer Notdienst: 01-310 87 79 oder
  01-310 87 80
Österreichweite Telefonseelsorge (rund um die Uhr,
  kostenlos): 142

Selbsthilfe für Hinterbliebene nach Suizid eines Angehörigen:

Niederösterreich	06 50-462 08 16
Oberösterreich	06 80-134 23 82
Tirol	06 50-8 80 48 18
Vorarlberg	06 99-10 62 41 44
Wien	06 99-10 95 19 65

SCHWEIZ:

Beratungsangebote für Suizidgefährdete:
Die Dargebotene Hand (Telefonseelsorge und
  Online-Beratung): 143
Pro Mente Sana (Beratungstelefon für psychisch kranke
  Menschen und ihre Angehörigen): 08 48-80 08 58.
Pro Juventute Beratung + Hilfe für Kinder und
  Jugendliche: 147

Informationen über Selbsthilfegruppen:
Selbsthilfe Schweiz: 08 48-81 08 14
Notfallpsychiatrischer Dienst der Stadt Zürich: 044 421 21 21
Kriseninterventionszentrum der Psychiatrischen Universitäts-
    klinik Zürich: 044 296 73 10
Kriseninterventionszentrum der integrierten Psychiatrie
    Winterthur: 052 224 37 00
SMS-Seelsorge: SMS an 767

Selbsthilfe für Hinterbliebene nach Suizid eines
Angehörigen:
Verein Refugium: 08 48-00 18 8

Weitere Informationen zum Thema, zum Buch und zur Autorin finden Sie unter: www.saskiajungnikl.com